거저 주라

거저 주라

초판발행일 | 2025년 2월 10일

지 은 이 | 배수현
펴 낸 이 | 배수현
디 자 인 | 천현정
제   작 | 송재호
홍   보 | 배예영
물   류 | 이슬기
문   의 | 안미경

펴 낸 곳 | 가나북스 www.gnbooks.co.kr
출 판 등 록 | 제393-2009-000012호
전   화 | 031) 959-8833(代)
팩   스 | 031) 959-8834

ISBN 979-11-6446-077-9 (03230)

교회 직분자를 향한 증보판

거저 주라

배 수 현 지음

가나북스

〈찬송〉 **'성자의 귀한 몸 나 위하여'**

성자의 귀한 몸 나 위하여 버리신 그 사랑 고마워라
내 머리 숙여서 주님께 비는 말 나 무엇 주님께 바치리까

지금도 나 위해 간구하심 이 옅은 믿음이 아옵나니
주님의 참사랑 고맙고 놀라워 찬송과 기도를 쉬지 않네

주님의 십자가 나도 지고 신실한 믿음과 마음으로
형제의 사랑과 친절한 위로를 뉘 게나 베풀게 하옵소서

만 가지 은혜를 받았으니 내 평생 슬프나 즐거우나
이 몸을 온전히 주님께 바쳐서 주님만 위하여 늘 살겠네. - 아멘

'거저 주라' 증보판을 펴내며

　그저 교회와 성도들 앞에 '헌법적 장로(시무장로)'에서 '성경적 장로(사역장로)'의 길을 가겠다는 마음으로 '거저 주라'의 책을 쓰게 되었는

데 독자들의 관심과 사랑을 힘입어 '거저 주라' 개정증보판을 다시 내놓게 되었습니다.

필자가 즐겨 사용하는 하나님의 말씀은 (마10:8b) "너희가 거저 받았으니 거저 주라"이다.

그런데 거저 준다는 것은 사실, 내 것을 주는 것이 아니고 나에게 있는 모든 것은 하나님의 것이기 때문에, 하나님의 것을 주는 것이고 말씀이 육신이 되어 빛으로 오신 예수 생명의 천국 복음을 주는 것이다. (마20:28), (막10:45) "인자가 온 것은 섬김을 받으려 함이 아니라 도리어 섬기려 하고 자기 목숨을 많은 사람의 대속물로 주려 함이니라"

이 책을 쓰게 된 것은 주님께 거저 받은 복음의 은혜를 나누고 싶어서이고, 예수님을 자랑하고, 소문내기 위해 이 글을 썼다. 그리고 신앙의 정체 속에 있는 이에게 신앙생활 잘하여 천국 백성으로 살아가자고 썼다.

잠시 머물다 가는 단 한 번 주어진 유한한 인생! 나 하나 구원받고 내 한 가족 잘먹고 잘 사는 것에만 남은 인생을 허비하지 않고 "너희가 거저 받았으니 거저 주라"는 그리스도인의 본질적 가치에 충실하여 거저 받은 복음의 은혜와 구속의 은총을 함께 나누자고 썼다.

그리고 필자의 말이 아닌 하나님의 말씀을 전달하기 위해 가능한 말씀에 접근하여 말씀을 근거로 전하려고 했고, 어려운 히브리어, 헬라어를 나열하지 않았고, 불필요한 철학적 용어나 고상한 타인의 말은 인용하지 않았으며 누구에게나 쉽게 읽혀 공감하기에 어려움 없게 하려고 노력했다.

나아가 자의든 타의든 이 책을 만나 읽게 된 독자 모두가 예수님을 바로 믿어 함께 천국 가자는 마음으로 썼다.

그리고, 나의 사랑하는 가족(아내 안미경 권사, 첫째 딸 보배, 둘째 딸 민지, 셋째 딸 예영)에게는, 언제 죽을지 모르는 인생이니 미리 유언을 남기는 심정으로 이 글을 썼다.

- 모든 영광 하나님께 올려드리며 주님이 하셨고 주님이 이루실 것이다!

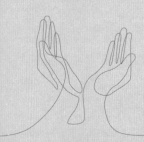

1장

특별함을 뛰어 넘은
못 말리는 나의 어머니,
최복례 권사!

〈어머니가 생전에 즐겨 부르시던 찬송〉

'**성령이여 강림하사**' [1879년 E. H. Stokes 작사, J. R. Sewney 작곡]

　　성령이여 강림하사 나를 감화하시고
　　애통하며 회개한 맘 충만하게 하소서

　　성령이여 강림하사 크신 권능 줍소서
　　원하옵고 원하오니 충만하게 하소서

　　힘이 없고 연약하나 엎드려서 비오니
　　성령 강림 하옵소서 충만하게 하소서

　　정케하고 위로하사 복을 받게 하소서
　　충만하게 하시오니 무한 감사합니다

　　〈후렴〉 예수여 비오니 나의 기도 들으사
　　애통하며 회개한 맘 충만하게 하소서 - 아멘

　　이 책의 글을 펼치기에 앞서 나에게 신앙을 유산으로 물려주신 나의
어머니를 먼저 소개하고싶다.

1. '교회청소, 새벽종치기, 난로피우기 대장'

나의 어머니를 소개하자면 교회 청소(수요일, 토요일)와 교회 종치기 (새벽, 수요일, 주일), 새벽 난로 피우기를 아무런 대가 없이 40여 년을 한 결같이 단독으로 충성해 오셨다. 찬송가 가사처럼, "늘 울어도 눈물로 써 못 갚을 줄 알아 몸 밖에 드릴 것 없어 이 몸 바칩니다" 말이다.

추운 겨울에도 물통의 얼음물을 깨어 걸레를 빨아 무릎이 상하고 닳 도록 강대상에서부터 바닥과 의자, 창문틀 청소를 하셨고 매일 새벽에 는 난로(톱밥, 장작, 조개탄)를 피우셨다. 그리고 교회 새벽종을 비롯한 정 규 예배시작 30분 전 초종, 5분 전에는 재종을 거르지 않으시고 한결 같이 치셨다.

한번은 갓 태어난 핏덩이와 같은 신생아를 보자기에 싸서 그날도 어 김없이 새벽종을 치기 위해 오신 것이다. 예배가 끝나면 어머니는 주 변 정리를 하고 맨 나중에 교회 문을 나가신다. 그런데 그날따라 목사 님과 마주친 것이다.

"최 집사님 어찌 된 일이에요?"
"목사님! 어젯밤에 이 아이를 하나님이 태어나게 하셨어요."
"아니, 그러면 단 하루라도 집에서 몸을 풀 것이지 이렇게 나오시면 어떡해요."

사실, 어머니는 남의 손에 새벽종 치는 일을 맡기고 싶지 않았던 것이다.

또한, 언젠가는 가정 형편도 어렵고 교회 청소와 새벽종 치는 일을 도맡아 하시니 교회에서 쌀 한 말을 우리 가정에 보내왔단다. 어머니는 그 쌀을 다시 머리에 이시고 2km가 넘는 길을 가셔서 교회 사택 마루 위에 내려놓으시면서,

"내가 이것 받으려고 교회 충성하는 줄 아느냐고, 나는 가진 것 없으니 몸이라도 드려 하늘나라에 쌓으려고 하는 일이니 다시는 이런 것 보내지 마시라"고 하셨다 한다.

그런데 그 쌀 한 말은 우리 집에서는 구경도 못하는 기가 막힌 쌀이다. 보리밥도 제대로 먹지 못하고 고구마가 주식이 되어버린 우리 집에 쌀 한 말이면 당분간은 보리에 섞어서라도 아들들에게 고구마 대신 도시락을 싸 주어도 손색이 없을 분량이다.

하지만 나의 어머니도 그런 마음과 생각이 왜 없었겠는가! 지금 생각해 보아도 우리 어머니는 정말 특별함을 뛰어넘는 못 말리는 충성자의 모델 중의 모델이라 말하지 않을 수 없다.

거저 주라

2. 정해진 기도 시간은 철저히

신혼시절 우리 부부는 종종 어머니를 뵈러 시골집에 가곤 했다.

대개는 오후 시간에 도착한다. 저녁 식사시간이 되어 아내와 함께 시장에서 미리 식사 거리를 준비해온 것으로 저녁 식사 준비를 한다. 그런데 갑자기,

"밥 차려서 너희들 먼저 먹어라"

하시고는 어디론가 가신다. 아내와 나는 그저 황당했다. 시골 어머니와 함께 식사하러 시장에서 반찬거리를 준비해 왔건만 매정하게도 이럴 수 있으실까? 우리 부부는 그저 섭섭하기만 했다. 그런데 나중에 안 사실이지만 어머니는 하루 세 번(오전, 오후, 저녁) 기도시간을 별도로 정하여 교회에 기도하러 가시는 것이었다.

그래도 그렇지, 아들 며느리 올 때만큼은 생략하시거나 시간을 뒤로 미루거나 하실 것이지 하며 철없는 우리 부부는 섭섭하게만 생각하고 그걸 이해하지 못했다. 어머니도 아들, 며느리가 오면 누구보다 반가 우실 것은 뻔하다.

"다니엘이 이 조서에 왕의 도장이 찍힌 것을 알고도 자기 집에 돌아가서는

19

윗방에 올라가 예루살렘으로 향한 창문을 열고 전에 하던 대로 하루 세 번씩 무릎을 꿇고 기도하며 그의 하나님께 감사하였더라."(단6:10)

그러나 하나님과 한 약속이 아들, 며느리와 같이 식사하는 것보다 우선순위에 있었던 것이다. 이처럼 어머니는 하나님과 약속한 기도시간을 생명처럼 지키셨다.

어머니의 삶은 한마디로 표현하자면 '세상과 어머니는 간곳없고 오직 구속하여 주신 주님밖에 없는 삶이셨다.'

〈찬송〉 **"예수를 나의 구주 삼고"**

예수를 나의 구주 삼고 성령과 피로써 거듭나니
이 세상에서 내 영혼이 하늘의 영광 누리도다

온전히 주께 맡긴 내 영 사랑의 음성을 듣는 중에
천사들 왕래 하는 것과 하늘의 영광 보리로다

주 안에 기쁨 누림으로 마음의 풍랑이 잔잔하니
세상과 나는 간 곳 없고 구속한 주만 보이도다

〈후렴〉

이것이 나의 간증이요 이것이 나의 찬송일세

나 사는 동안 끊임없이 구주를 찬송하리로다 -아멘

3. 귀신과의 대화!

어릴 적 어머니가 이런 말씀을 하신 기억이 있다.

새벽기도 드리러 오가는 길에 "귀신을 만났다"고 하신다. 교회에 가려면 상여를 만드는 집 부근에 있는 공동묘지를 반드시 지나가야 하는데 귀신이 그 공동묘지 앞에서 매일 새벽 어머니가 지나가는 시간에 어김없이 나타나서 교회 정문 앞까지 따라와 어머니 곁에 바짝 붙어서 쫓아다니며 꽤 오랜 기간 어머니를 괴롭게 하는 것이다. 교회 정문 앞에 이르면,

"내일 다시 보자" 그러면서 말하기를,

"너 그렇게 교회만 다니면 무얼 먹고 살래, 자식이 몇인데 자식 걱정 좀 해라"

그렇게 비아냥거리듯 시비의 말을 걸어왔다 하신다. 어머니가 대답하기를,

"무얼 먹고 살아, 예수님이 주시는 것 먹고 살지! 네가 무슨 말을 해도 소용없으니 사라져라!"

하며 단호하게 '예수님의 이름으로 귀신을 물리쳤다'고 말씀하신다. 다음날도 똑같이 나타나 같은 시비를 걸어 왔지만 같은 방법으로 물리쳤고 그다음 날부터는 귀신이 손에 잡히지는 않지만, 너무도 또렷한 모습으로 아주 가까이에서 나타나기에 잡을 수 있고 때려죽일 수만 있다면 잡아 죽이고 싶어 작대기 하나를 손에 들고 새벽예배에 가셨다 한다.

그런데 그날 이후로는 나타나지 않았고 또한 하나님께서는 어머니가 전도한 같은 동네에 사는 아가씨(영이누나)와 함께 새벽기도 동행자로 붙여주셔서 외롭지 않게 다니게 되셨다는 말씀을 종종 듣게 되었다.

아무에게나 흔하게 경험되는 것은 아니지만, 어머니는 귀신의 실체를 영안으로 아주 또렷하게 보게 되었을 뿐만 아니라 직접 대화를 한 것이다. 그러나 나는 그때만 해도 그런 어머니의 말씀이 신기하게만 생각되었고 그 말을 전혀 이해하지도 못했다.

이렇게 마귀는 어머니를 새벽기도 하지 못하게 하고 자식들 예수님 못 믿게 만들어 우리 9남매를 마귀 자식으로 만들려고 어머니에게 끈질기게 따라 붙었지만, 어머니는 귀신의 실체를 알고 계셨기에 포기하지 않고 말씀과 기도로 물리치신 것이다.

결국, 귀신이 어머니를 포기한 것이다. 귀신도 어머니한테는 상대가 되지 않았다. 만일, 어머니가 귀신의 끈질긴 방해 작전에 힘겨워 새벽 기도에 나가는 것을 포기하셨다면 우리 가족은 예수 믿을 가능성은 거의 없었을 것이다. 생각만 해도 끔찍한 일이다.!

4. 전 재산을 '건축헌금'으로

'건축헌금 작정 제도'가 언제부터 생겼는지는 모르겠다. 또한, 지금처럼 교회의 건축 계획을 세워 미리, 광고하고 정리된 양식에 '작정서'를 만들어 놓은 것을 가지고 각자 기입해 소신껏 하나님께 약속하며 기간을 정하여 '작정서'에 기록한 대로 헌금하는 형식의 절차가 아니다.

그저 설교 말씀을 통하여 건축을 해야 하는 상황이니 성령님의 인도하심 따라 성도들의 정성을 모아 건축하자고 말씀하면 그것으로 끝이다. 더구나 프린트로 정리된 작정 양식 없이 날짜만 정하여 즉석에서 작정한 것 같다.

이제는 미리 예고한 대로 건축헌금을 작정하는 주일이 되었다. 목사님의 설교가 끝나고 작정하는 시간이 되어 목사님이 건축헌금 작정에 관한 것을 설명하시고 재정 담당자는 작정한 사람과 금액(쌀, 보리, 현금..)을 받아 적는 형식이다.

그런데 아무도 손을 들어 작정하겠다는 사람은 없고 그저 서로의 눈빛만 보며 숨죽인 채, 적막감만 맴돌고 있는 것이다. 당시에는 보릿고개의 힘들고 어려운 시절이어서 건축헌금 드릴 만한 현금을 가진 사람은 말할 것도 없고 끼니에 필요한 쌀과 보리, 콩, 고구마..의 양식에 의존한 터라 엄두가 나지 않았던 모양이다.

그런데 갑자기 나의 어머니가 손을 번쩍 드시더니,

"나는 쌀 다섯 가마 할게요" 하셨단다.

그 말을 듣는 순간 전 교인은 의심 반, 걱정 반 눈이 휘둥그레져 이해가 되지 않는 걱정 어린 눈으로 어머니를 바라보았다. 어머니는 목사님의 설교 말씀을 듣고 성령님의 감화가 감동으로 반응이 되어 즉시 순종하여 실천으로 옮기신 것이다.

하지만 이렇게 단칸방 오두막집, 텃밭이 전 재산인데 이것을 바치면 우리 가족은 어쩌란 말인가! 그저 아무런 대책도 없이 말이다. 당시 우리 가족은 어머니, 아버지를 포함 7식구이다. 더 큰 문제는 '그 쌀 다섯 가마를 어떻게 마련하게 될 것이냐'는 것과 '왜? 쌀 5가마인가!' 가 모두의 관심사이다.

그 이유인즉, 당시 우리 가족 전 재산 목록은 '텃밭 하나 단칸방의 오두막집'이 전부인데 이 전 재산을 팔면 쌀 다섯 가마를 받게 된다는 것을 미리 알아보신 것이다.

이렇게 되자 온 성도들은 서로 눈치만 보게 되었다 한다. 우리 교회에서 제일 가난한 최복례 집사가 5가마를 작정했으니 말이다. 여하튼, 어머니를 시작으로 한 사람 한 사람 손을 들어 그 자리에서 쌀 70가마가 작정이 되었고 그것을 미천으로 근사한 교회를 지어 봉헌하게 된 것이다.

이후, 교회는 계속 부흥이 되었고 면 소재지의 작은 동네이지만 노회 총회 행사를 치를 만한 규모의 교회로 성장하게 되었다.

이처럼, 어머니는 현실의 상황보다는 성령님이 주시는 '감화와 감동'을 더 존중히 여기셨던 것이다. 마치 '사르밧' 과부가 마지막 남은 한 끼를 엘리야 선지자가 말한 대로 하였더니 그의 식구가 죽지 아니하고 통의 가루와 병의 기름이 없어지지 않는 복을 받게 되었던 것처럼 말이다.(왕상17:1-16)

정말, 아무도 못 말리는 우리 어머니이시다!

이미 주님 품에 안겨 계시지만, 사랑하는 어머니의 목소리가 들려오는 것만 같다.

"사랑하는 내 아들, 수현아!
널 위해 죽으시고 부활하신 주님의 은혜에 더욱 감사하면서 죽도록 충성하며 살아야 한다.
세상에서는 아무도 알아주지 않는 주님을 위한 충성, 희생 그리고 바보스럽고 미련한 삶이
하늘나라에서는 이렇게 큰 영광이 될 줄이야!
절대, 세상 것에 마음 빼앗기지 말고 성령의 힘을 의지하여
널 끊임없이 속이는 원수 마귀와 싸워 꼭 견디고 이겨내야 한다."

이렇게 어머니의 음성이 나의 가슴을 두들겨 메친다. 어린아이처럼 하나님을 부르고, 또 어머니의 생애를 되씹어 생각하다 보면 어느새 눈물이 볼 가를 타고 목까지 젖어 흐른다.

9남매를 위해서 그토록 몸이 부서지도록 고생하시고 평생, 자식들이 말씀 안에서 바른 신앙생활의 길을 가도록 몸부림치며 한결같이 기도해 주셨던 어머니에게,

'사랑하는 어머니! 존경하고 감사합니다. '어머니가 물려준 믿음 꼭 지키며 살게요'라는 말을 되씹으며 어머니가 이 땅에서 삶으로 보여준 준 신앙의 유산을 간직하며 살고 싶다.

〈찬송〉 **'어머니의 넓은 사랑'**

어머니의 넓은 사랑 귀하고도 귀하다
그 사랑이 언제든지 나를 감싸 줍니다

내가울때 어머니는 주께 기도드리고
내가 기뻐 웃을 때에 찬송 부르십니다

아침저녁 읽으시던 어머니의 성경책
손떼 남은 구절마다 모습 본듯 합니다

믿는자는 누구든지 영생함을 얻으리
들려주신 귀한 말씀 이제 힘이 됩니다

홀로누워 괴로울때 헤매다가 지칠때
부르시던 찬송소리 귀에 살아 옵니다

반석에서 샘물나고 황무지에 꽃피니
예수님과 동행하면 두려울 것 없어라

온유하고 겸손하며 올바르고 굳세게
어머니의 뜻 받들어 보람 있게 살리라

풍파 많은 세상에서 선한싸움 싸우다
생명시내 흐르는곳 길이 함께 살리라 - 아멘

5. 동네 사람을 다 전도했어!

어머니의 성품은 남의 좋은 점만 말하고 단점은 일절 말하지 않는다. 오히려 남을 판단하는 말을 하면 나무라신다. 그러나 어머니 자신에게는 안 좋은 말을 해도 맞는 말이라고 오히려 고맙다고 다 받아주신다. 그리고 누구와도 싸워 본 적이 없다. 타인의 안 좋은 말은 입에 담지도 않으신다. 어머니에게 타인의 안 좋은 말을 하면 듣고 싶지 않다고 오히려 나무라신다.

생전의 어머니는 "하나님께서 제일 싫어하시는 것이 남을 판단하고 정죄하는 것"이라고 타일러 주셨다. 그리고 어머니는 교인이나 동네 사람과 수다 같은 건 할 줄도 모르신다. 수다를 떨다가도 어머니가 오시면 멈추거나 조용히 피한다.

어머니의 이러한 성품을 동네 사람이면 모두가 알고 있다. 오죽하면 "최권사님은 천사 같은 분"이라고 하신다. 동네 사람이 교회에는 나가지 않아도, 권사가 뭔지는 몰라도, 그냥 다른 사람이 권사라고 부르니 어머니 이름을 '최권사님'이라고 부른다.

어느 날, 아버지께서 이렇게 말씀하신다.

"너희 어머니가 우리 동네 사람 다 전도했어!"

어머니는 동네 사람에게 해마다 섬기는 것이 있다.
그것은 매년 성탄절이면 시루떡을 쪄서 시루에서 꺼낸 따뜻한 시루떡을 그릇에 담아 한 집 한집 방문하시면서, 이렇게 말씀하신다.

"오늘 예수님이 태어나신 날이어서 떡을 했어요 드셔보세요!"

동네 사람들은 어머니를 반갑게 받아주며, 또 이렇게 말씀하신다.

"최권사님이 올해 크리스마스에도 떡을 가져오셨네!"

또한, 여름철이면 동네 사람에게 수박으로 섬기신다.

우리 큰 형님은 어릴 적, 수박 농사를 제일 먼저 시작했었다. 그리고 둘째 형님은 수박 장사를 했다.

어머니는 형님께 수박 좀 달라고 부탁하고 수확한 수박을 머리에 이시고 한 집 한집 다니시면서 "날씨도 더운데 우리 아들이 지은 수박을 드셔보시라"고 전한다. 둘째 형님은 수박밭을 통째로 사서 도매시장에 파는 일을 하셨는데, 어머니의 부탁을 받고 수박밭에서 팔고 난 수박을 한 차씩 집으로 싣고 오면 어머니는 역시 동네 사람을 불러, 가져가시라고 하시거나 직접 가져다주시면서 드시라고 전한다.

동네 입구 마을 모정에 더위를 피해 쉬러 모여 있는 동네 사람에게도 찾아가 무조건 수박을 드시게 하는 재미에 푹 빠져 계셨다. 동네 사람들은 저마다 이구동성으로

"수박을 돈 주고 사 먹어야 하는데 우리 동네 사람들은 최권사님 덕분에 그냥 공짜로 먹는다."고 말한다.

어머니는 "우리 아들이 주는 것이니 맛있게 드시고 더 필요하면 언제든지 말씀하시라"고 하신다. 이처럼, 어머니는 여름철마다 동네 사람들에게 수박으로 섬기셨다.

어머니는 떡과 수박으로 섬기시는 그 순간에는 '예수 믿으세요', '교회 나오세요' 이런 말을 하지 않으셨다. 그냥, 우리 예수님 생일 떡이고, 우리 아들이 주는 수박이라는 말밖에 하지 않으셨다.

그런데 어느 날 교회에서는 '새신자초청 전도집회'가 예정되어있었다.
교회에서는 집회를 앞두고 '전도초청자'에 대한 '기도회'를 하는 등 전략을 세우는 일에 한창이다.

어머니도 나름 기도하시면서 준비하셨을 것이다.
집회 날짜가 다가오자 어머니는 동네 40여 가구를 일일이 방문하시면서 "우리 교회에서 잔치가 있는데 한 번 와 보시라"고만 하셨는데 한 사람도 거부하는 사람 없이 모두가 "최권사님이 말씀하시니 당연히 가봐야죠"하며 기쁘게 대답하셨단다.

당시 우리 마을은 한 두 집을 빼고는 교회에 나가질 않는 특별한 동네이었다.
여하튼, 어머니가 초청한 동네 사람 모두가 그날 나왔다. 그리고 모두가 그 자리에서 목사님의 초청의 말씀에 예수 믿겠다고 결신을 한 것이다. 그러면서 "예수 믿으면 이렇게 좋은 것인지를 몰랐다며 진즉 말하지그랬냐며" 어머니 손을 꼭 붙잡고 "감사하다"고 말했단다.

이처럼, 때가 되니 어머니를 사용하셔서서 동네 전체가 예수 믿게 되는 놀라운 역사가 나타난 것이다. 이밖에도 나의 어머니에 대한 간증을 이 책에 담기엔 턱없이 부족하다.

〈찬송〉 **"웬 말인가 날 위하여"**

웬 말인가 날 위하여 주 돌아 가셨나
이 벌레같은 날 위해 큰 해 받으셨나

내 지은 죄 다 지시고 못 박히셨으니
웬 일인가 웬 은혜가 그 사랑 크셔라

주 십자가 못 박힐 때 그 해도 빛 잃고
그 밝은빛 가리워서 캄캄케 되었네

나 십자가 대할 때에 그 일이 고마워
내 얼굴 감히 못 들고 눈물 흘리도다.

🕊 2장
정체와 회고

1. 그리스도인

흔히, 예수님을 '4대 성인'이라고 말한다. 정말 속상한 말이다. 누가 누구의 마음대로 이렇게 분류해 놓았을까! 예수님은 피조물에 불과한 자와 같은 사람으로 분류하여 성인이라 부를 수 없다. 예수그리스도는 세상이 말하는 그런 류의 성인이 아니다. 또한, 이 세상 사람은 모두가 죄인이기 때문에 성인이 될 수 없다. 성인은 성육신하여 이 땅에 오신 예수님을 지칭한 말이다.

그리고 그리스도교(기독교)는 다른 이교도와 같은 종파로 나뉠 수 없다. 신은 한 분밖에 존재할 수 없다. 우주 만물을 창조하시고, 주관하시고, 다스리시고 지금도 운행하시고 계시는 분이 창조주 하나님이시다. 그래서 유일하신 우주 만물의 창조자 하나님만이 참 신이시다.

또한, 우상숭배는 '사람이나 피조물 된 인격 없는 것을 인격화하여 숭배하는 것이다.' 그러므로 우리 기독교는 어느 종파에 속할 수 없다. 유일하신 삼위일체 하나님을 믿는 진리 그 자체이다. 우주 만물을 창조하신 하나님, 절대주권을 가지신 하나님만을 신뢰하고 바라보는 것'만이 참 신앙이라고 말할 수 있다.

창조주와 피조물, 하나님과 사람은 감히 비교할 수도 없다. 이것은 크고 작은 문제가 아닌 '절대 진리의 원칙'이다. 그리고 그 진리이신 하

거저 주라

나님은 윤리와 고행, 박애주의를 말하는 그러한 종교가 아니다. 윤리와 고행, 박애를 초월한 '생명의 진리'인 것이다.

이것이 그리스도인의 정체이다. 그리스도인의 삶 속에는 세상과 나는 간 곳 없고 오직 구속하여 주신 예수님만 나의 구주로 삼고 살아야 한다.

찬송가〉 '예수를 나의 구주 삼고'는
A.D 1873년 앞을 못 보면서도 8천여 편의 찬송시를 남긴 미국의 여류 찬송 작가 Fanny Jane Crosby(A.D.1820-1915)가 작시하였다.

크로스비는 태어난 지 6주밖에 안 되어 실명하였지만 하나님께서는 뛰어난 문학의 재능을 선물로 주셔서 8살 때부터 시를 쓰고 24세 때에는 '맹인 소녀'라는 제목의 시집을 출판하였다.

A.D 1851년 그의 나이 31세에 중생을 체험하고 95세에 세상을 떠날 때까지 평생을 은혜로운 찬송 시를 썼다.

비장애인들은 흔히 크로스비 여사를 '고난의 여사'라고 말하지만 본인은 "암흑은 외계의 사물에 어둠을 줄 수는 있으나 하늘을 향한 영의 소망의 빛을 뒤덮지는 못합니다. 하나님은 내 시력을 거두어 가신 대신 영안을 뜨게 하셔서 당신의 능력으로 내가 일평생 일하게 하셨음을 나는 믿습니다."라고 간증하였다.

⟨찬송⟩ **"예수를 나의 구주 삼고"**

예수를 나의 구주 삼고 성령과 피로써 거듭나니
이 세상에서 내 영혼이 하늘의 영광 누리도다

온전히 주께 맡긴 내 영 사랑의 음성을 듣는 중에
천사들 왕래 하는 것과 하늘의 영광 보리로다

주 안에 기쁨 누림으로 마음의 풍랑이 잔잔하니
세상과 나는 간 곳 없고 구속한 주만 보이도다

⟨후렴⟩
이것이 나의 간증이요 이것이 나의 찬송일세
나 사는 동안 끊임없이 구주를 찬송하리로다 -아멘

거저 주라

2. '못해 신앙'이라는 견해

필자는 전라도 산골 마을에서 9남매 중 네 번째로 태어났다. 흔히 말하는 '모태 신앙'은 '못해 신앙'이라고 불리기도 한다. 순수하게 자란 '모태신앙인'의 입장에서는 속상한 말이기도 하다.

나는 '초등학교(국민학교)' 5학년 때부터는 어머니한테 새벽예배에 끌려나가게 되었다. 새벽예배를 위해 난로를 피워야 하는데 어머니 혼자서는 난로(장작, 톱밥, 조개탄)를 피우고, 새벽종을 치려면 시간과 손이 부족했기 때문이다.

나는 어머니에게 '못해'라고 해본 적이 없다. 그저 울면서라도 일어나 어머니를 따라나섰다. 한참 자야 할 새벽 시간에 어린 나를 데리고 가셨다.

'모태신앙'은 "못해 신앙"이라는 이 별칭은 아마도, 믿지 않는 부모님 밑에서 자란 성도들이나 전도를 받고 신앙생활을 새롭게 시작한 분 즉, 새 신자들이 '모태신앙'으로 자란 성도들에게 주눅 들거나 기죽지 말라고 붙여진 지혜로운 말일 수도 있다.

하지만, 전혀 근거 없는 말은 아닐 것이다. 모태 신앙인들은 야성이 부족하다. 그저 평탄하게 신앙생활을 하다 보니 걸음마 수준에 머물러 있을 수 있다. 그동안 편안하게 떠 준 밥만 받아서 먹다 보니 어떤 일을 시키거나 문제가 생겼을 때 스스로 해결할 능력이 부족하여 '나는 못해'라는 말을 할 수 있고 신앙의 매너리즘에 빠져 형식적인 교회 생활만 할 수 있기 때문이다. 그러나 다는 아니라는 사실이다.

그러나, '모태신앙'의 가장 큰 장점은 하나님에 대한 거부감이 없고 신앙생활이 낯설거나 어색하지 않으며 쉽게 흔들리지 않아 이단이나 어떤 미혹에 빠질 확률이 낮다는 점이다. 이는 부모가 어떤 신앙관을 가지고 신앙생활을 하였고 태중에서부터 아이에게 어떤 신앙교육을 심어주었느냐가 중요하다. 아이는 그 부모의 신앙을 닮아가기 때문이다.

어느, 기독TV 방송에 간증자로 나온 성악가 신델라가 한 말이 생각난다.

"하나님은 어떤 하나님이라고 생각하세요?"라는 질문에 "하나님은 그냥 하나님이에요"

이렇게 대답하는 것이다. 질문자는 잠시 당황하였지만 "맞습니다! 하나님은 하나님~, 이보다 더 확실한 대답이 있겠어요!!" 이는 결코 누구에게나 쉽게 나올 수 있는 대답이 아니다.

사실, 신델라 성악가는 친가 3대 외가 4대째인 집안에서 태어났다고 한다. 때문에, 신앙의 유산이 대대로 흘러와 그의 심령 속에는 모태에서부터 자연스레 하나님이 젖어 있었던 것이다.

이런 사람이야말로 '모태신앙'의 전형적인 모델이라 말할 수 있다.

문제는 모태 신앙이냐, 중간 신앙이냐, 신앙의 연조가 많으냐, 적으냐가 아니라 스스로가 '어떠한 하나님을 만났느냐'가 중요한 문제이고 모태신앙은 과거가 아니라 항상 현재에도 그 신앙이 지속 되어 가고 있고 성장해가고 있느냐라는 점이다.

3. 배고픈 도시락

우리 가정은 식구는 많고, 전답은 없으니 굶기를 밥 먹듯 하였다. 당시, 국민학교 시절 어머니가 도시락 대신 고구마 2개를 회 포대 종이에 말아 싸 주신다. 점심시간이면 학급 친구들의 도시락 뚜껑 여는 소리를 들으며 나는 살며시 책상 속에서 어머니가 종이에 말아주신 고구마를 꺼내 교실을 나와 화장실 뒤편 양지바른 곳에서 까먹곤 했다. 삶은 고구마 2개는 한창 성장기 나이에 있는 나에게 영양분을 보충하기에는 많이 부족했다.

초등학교 2학년 담임은 최영수 선생님으로 기억된다.

점심시간이면 내가 없어지는 걸 알고 선생님이 내 짝꿍에게 묻는다.

"수현이는 어디 갔니?"
"네, 도시락이 없어 점심시간에는 밖으로 나가요"라고 대답했단다.

선생님은 이 사실을 알고 난 다음 날부터 나를 "선생님 자리로 나오라 하시더니 선생님 도시락 반과 내 고구마 하나를 나눠 먹자"고 하신다. 그냥, 모르는 척 하시련만 선생님이 얄미웠다. 부끄러워 급우들에게도 보여주지 않았던 고구마를 같이 먹자고 하시다니! 난 너무 창피했다.

한 번은 하나밖에 없는 양말이 학교에 오다 시궁창에 빠져 냄새가날까 봐 양말을 책 보자기에 말아 넣고 추운 겨울, 맨발로 교실에 들어갔다. 우연히 선생님이 보시고 선생님이 신고 있던 양말을 벗어주시면서 난로 옆에 앉게 해주셨다. 참 고마웠던 선생님이다.

언젠가 스승의 날 무렵에 해마다 교육부에서 주관하는 '고마우신 선생님에 대한 수기 공모'에 참여한 적이 있다. 수상하기 위해서라기보다 초등학교 시절, 그 선생님이 나에게 베풀어주신 은혜가 너무나 크고 고마워, 글로써나마 보답하고 싶어 응모하게 된 것이다. 그리고 응모한 그 글을 선생님이 근무하시는 학교를 알아내 편지로 띄워 보내드렸다.

얼마 후 편지를 잘 받으셨는지 궁금한 마음에 선생님이 근무하시는 학교에 전화하여 통화하게 되었다. 무척이나 떨리고 긴장되었다. 선생님이 말씀하시기를,

"그 글을 받고 동료 선생님에게 자랑을 하셨는데 다른 선생님들이 훌륭한 제자를 두었다고 부러워하셨단다."

나는 그것만으로도 선생님에 대한 고마움을 표현할 수 있어 감사했다.

지금 생각해 보면, 어릴 적 '배고픈 도시락'이 나를 더욱 강하게 만든 것 같다.

4. 버스 안에서 기도 한번 잘못하여 아내를 만나게 된 사연

아내를 만나게 된 것은 특별하게 만났다거나 그렇다고 평범하지도 않다.

나는 27세부터 30세에 이르기까지 중매를 통한 맞선을 비교적 많이 보게 되었다. 왜냐하면 일명 '백수'는 아니고 일찍부터 사업을 시작하였기에 소위 말하는 '중신애비'들이 나를 많이 소개해 주었다. 나는 좀 깔끔하고 까칠한 성격이어서 어지간한 여자는 나의 생각과 시선에

만족을 주기란 그리 쉽지 않았다.

어느 날, 큰 형님이 버스를 타게 되었는데 어떤 아가씨가 차에 올라서자마자 맨 뒷자리에 가서 앉더니 두 손을 모으고 간절히 기도하는 모습을 목격하게 되었단다.

그것도 잠시 눈을 감는 정도의 짧은 기도가 아니라, 제법 긴 시간 기도하는 것을 보고 형님이 생각하기를 '저런 아가씨는 보기 드문 사람이고 한 가지를 보면 열을 알 수 있다'고 생각하여 '저 아가씨를 동생에게 소개시켜 봐야지' 하며 그 아가씨가 내리는 곳에 내려 어느 동네로 가는지를 파악하고 그 집을 찾아 아무게 집 딸이라는 사실을 알아내셨다.

그리고 곧바로 그 아가씨 아버지 되시는 분에게 제안하셨단다. "따님을 오늘 우연히 버스 안에서 보았는데 제가 잘 아는 참한 총각이 하나 있는데 한 번 만나보게 하면 어떻겠습니까?"라고 했더니 아가씨 아버지가 펄쩍 뛰시면서 "우리 딸은 아직 나이도 어리고 회사에 다니고 있는데 아빠 생일이라고 온 것이고 내일 곧바로 올라가야 한다"고 하셨단다,

형님은 "네, 맞아요, 당장 만나 결혼하자는 것도 아니고 저희끼리 만나 사귀어 보다가 맘이 있으면 그때 하면 되지요, 그리고 총각이 너무 아까워서 그래요. 요즘 보기 드문 아주 참한 총각입니다. 그냥 허실 삼

아 한 번 만나나 보도록 해보시는 건 어떠세요?" 이렇게 제안하셨다.

"하긴 그건 나쁘지는 않지요"하시며 당시, 내일 타고 갈 '○○터미널 다방'에서 약속을 잡게 되었다. 우린 그렇게 약속된 시간, 정해진 장소에서 만났다.

그동안 맞선을 많이 보기는 했지만, 이번에는 자신이 없었다. 어느새 까칠한 성격도 조금은 무디어져 갔다. 그리고 형님이 전날 밤 당부하기를,

"이런 아가씨는 놓치면 안 된다"고 말이다. 그리고 "요즘 세상에 버스 안에서 그렇게 남의 시선 의식하지 않고 기도하는 아가씨가 흔하지 않다! 너는 신앙 하나면 된다고 했으니, 내일 만나면 무조건 그 아가씨 말에 좋게 반응해라" 하시면서 말이다.

여하튼 정한 장소에서 만났다. 아가씨를 보는 느낌은 너무도 순수하고 참해 보였다. 정장 차림에 짧은 스커트, 웃는 모습, 말하는 모습, 어느 한 곳도 맘에 들지 않은 곳이 없다. 그렇게 우리는 서로의 감정은 표현하지 못하고 짧은 몇 마디의 대화만 하고 버스 시간이 되어 헤어졌다.

나는 별로 기대도 하지 않았다. 그러던 어느 날 한 주일이 지난 시점에서 전화가 왔다.

"혹시 지난번에 만난 배수현 씨 인가요?"

난 너무 기뻐 가슴이 멎는 줄 알았다. 그날 이후 우린 하루가 멀다 하고 신나게 만남을 즐겼다. 하루에도 전주에서 서울 거리를 자가용으로 두 번씩 오간 적도 있다.

나는 가능한 빨리 결혼을 서둘러야겠다는 생각이 들었다.

'미경 씨! 우리 금년에 결혼하면 안 될까요? 내년이면 제가 서른(실제는 그때가 서른)이 되거든요, 어차피 결혼할 거면 같은 이십 대에 하면 좋지 않나요?' '그리고 아무것도 준비할 것 없고 그냥 몸만 오시면 돼요.' 이렇게 말이다. 아내는 승낙해 주었다.

그리고 정말 몸만 왔다. 결혼하기 위해 퇴직하면서 회사에서 받은 퇴직금도 당시 다니던 교회 새벽예배 시간에 몽땅 하나님께 바치고 그 교회에서 마지막 예배를 드리고 떠나 왔단다.

그러니까 같은 해 10월에 만나 12월 17일에 결혼하게 되었다. 요즘도 가끔씩 이런 얘기를 아내에게 한다. '어쩌다 버스에서 기도 한번 잘 못해서 나 같은 사람을 만나게 되었느냐'고 말이다.

그러면 아내는 이렇게 받아준다, "기도 한번 잘한 것이 대박이 되었다"라고.

남편인 나로서는 이 말을 들을 때 기분이 아주 좋아진다. 아내에게 더 잘 해 줘야지, 정말 대박나게!!. 아내는 요즘에도 나의 어머니(시어머니)의 신앙을 따라 살고 싶다며 변함없이 시간을 정해 기도하는 일, 말씀을 읽고 듣는 일, 예배드리는 일에 거의 하루를 보내고 있다. 아내는 생전의 나의 어머니와 참 잘 지내왔다. 그리고 종종 어머니가 그립다고 말한다.

3장
체험으로 얻은 교훈

1. 총각시절, 목사님에게 승용차를 선물하게 된 사연

당시 내가 하는 사업의 특성상 봉고차가 필요해서 봉고차 하나를 어렵게 구입 했다. "봉고끼리 만나면 인사해요"라는 CM송으로 홍보하는 봉고 코치(12인승)이다. 그런데 구입한 지 얼마 되지 않아 그 차를 도난당했다. 그 일 후로는, 일이 손에 잡히질 않았다.

그러던 어느 날 내가 일하는 사무실에 영업사원 한 분이 찾아왔다. 자동차 판매원이다.

"사장님! 요즘 나온 인기 좋은 승용차 프레스토가 있는데 한 번 보세요"

하면서 홍보 전단지를 내민다. 나는 그 리플릿에 안내되어 있는 차를 보는 순간 '아! 이 승용차는 우리 교회 담임목사님이 타시면 참 좋겠다. 우리 목사님께 사 드려야지' 하며 생각할 틈도 없이 즉시 자동차 판매 직원의 차를 타고 목사님 사택으로 달려갔다.

사택에 도착했다. 다행히도 목사님과 사모님이 계신다. 나는 자초지종을 설명하지 않고 '목사님 여차여차해서 제가 요즘 나온 '프레스토' 승용차를 사드리려고 왔어요. 이 홍보 책자를 보세요, 지금 타시는 '포니2'보다는 훨~ 좋아 보이시죠? 말씀드렸더니 한참을 멍-하니 고개만

거저 주라

숙이시고 아무 말씀 안 하신다. 얼마 후 고개를 드시더니

"배 선생! 성의는 고맙지만 나는 이차를 받을 수 없어, 총각인 배 선생이 무슨 돈이 있다고 나에게 승용차를 선물하겠다는 건가, 그 돈 있으면 장가나 먼저 가게" 하신다.

그러나 나는 목사님에게 그 승용차를 사드려야겠다는 생각을 멈출 수가 없었다. 목사님, 색상만 정해주세요, 제 마음은 이미 정했고 색상을 골라 주시라고 왔어요. 그래도 목사님은 완강히 거절하신다. 나는 하는 수 없이 '목사님! 이 중에 진한 회색이 제일 고상하고 좋은 것 같네요. 진한 회색으로 하겠습니다.'하고 사택을 빠져나왔다.

사실, 나는 그때 목사님께 차 사드릴 만한 가진 돈이 없었지만, 그저 그런 마음을 하나님이 주셨을 때 단 몇 초도 생각하지 않고 목사님에게 달려왔다. 만일 그런 생각이 들었을 때 얼마 동안이라도 머뭇거리고 스스로 나의 사정, 처지를 합리적으로 생각하였다면 그런 결단을 결코 내리지 못했을 것이다.

그런데 이게 웬 은혜란 말인가!

이은익 담임 목사님에게 차를 사 드리러 사택에서 나오는 그날 그 시각에 권순철 부목사님을 사택 문 입구에서 만나게 되었는데 권 부목

사님이 이렇게 말씀하신다.

"배 선생님, 어떤 일이세요?"

네, 담임목사님과 의논드릴 일이 있어 말씀드리고 나오는 중입니다.

"그런데 왜, 봉고차를 안 가져 오셨어요?"

네, 사실은 그 차를 잃어버린 지 열흘 되었어요.

"뭐라고요! 내가 어제 버스를 타고 가다가 이리 원광대 앞에서 배 선생님 차를 보았는데요!"
나는 당시 봉고차에 '뿌리교육사 75-4456' 이렇게 상호와 전화번호를 새겨놓았기에 버스 안에서도 밖에 있는 차를 쉽게 알아볼 수 있었다.

'그래요! 지금 당장 같이 갑시다.'

이렇게 잃어버린 내 재산 목록 1호와도 같은 봉고차(전북5가1848)를 이렇게 찾게 되었다.!!
그토록 잃어버린 차를 찾고, 또 찾으러 다녔고 택시기사에게 현상금까지 걸고 이 차를 찾아달라고 부탁했지만 모두 허사였고 갈 수 있는 곳은 다 찾아다녀 보았지만 못 찾아, 이제는 포기하고 있었는데 잃어버린 지 열흘 만에 목사님 차 사드리겠다고 한 바로 그날, 그렇게 찾게 될 줄은 꿈에도 생각하지 못했다.

얼마 후 나는 그 색상의 프레스토 승용차를 번호판까지 달아 목사님 사택 앞에 가져다 놓았다. 목사님은 하는 수 없이 교회 앞에 주보 광고를 내어 알리게 되었고 온 성도들이 감동스럽게 받아들였다.

나중에 목사님에게 들은 얘기지만 "사실 마음속으로는 그 차를 타고 싶었다"고 하신다. 왜냐하면, 포니2는 형님이 선물해드린 것인데 "무릎이 차체에 거의 밀착 될 정도였지만 프레스토는 좀 여유가 있어 너무 좋다"하며 "고맙다"고 하신다. 목사님은 신장이 다른 사람에 비해 많이 크시기 때문이었다.

아무런 생각 없이 하나님께서 나에게 감동을 주셨을 때 묻지도 따지지도 않고 그저 순수한 마음으로 목사님에게 선물한 것뿐인데 누구보다도 부족하고 허물 많은 나에게 이러한 은혜를 주시다니! 그저 감사하기만 했다.

그런데 이것으로 끝이 아니었다. 하나님께서는 커다란 보너스를 다음 장의 사연처럼 준비해 두신 것이었다.

- 주님이 하셨습니다!

2. 결혼 4년 만에 이층 저택을 얻은 사연

같은 교회공동체 안에서 신앙생활을 하다 보면 종종 듣게 되는 소리가 있다.

"적당히 하면 되지 꼭 그렇게까지 할 필요 있어!"라는 식의 말을 듣기도 한다.

하지만 기왕 믿으려면,
'무조건 믿어라!', '단순하게 믿어라!', '전부를 믿어라'! 고 말하고 싶다.

"독자 이삭을 바쳐라, 물을 떠서 연회장에 갖다 주어라, 깊은 데로 가서 그물을 던져라, 보리떡 다섯 개와 물고기 두 마리로 오천 명에게 나눠 줘라, 실로암 못에 가서 씻으라, 물 위로 걸어 오라"..

이렇게 요구하실 때 묻거나 따지거나 생각하지도 말고 무조건 순종만 하면 된다, 그리고 하나님은 우리가 믿고 구한 것을 주실 때는 자신의 생각을 초월하여 주신다.

어쩌면 그렇게도 나의 생각과는 전혀 다른 방법으로 주시는지 모르겠다. 나의 계획과 생각대로 된 것은 단 한 가지도 없다. 다시 말하자면 나의 생각은 100% 틀렸던 것이다. 하지만 나의 생각과 계획이 틀린 것이지 구한 것을 주시지 않은 것이 없다.

때문에, 기도의 방향을 하나님께로만 고정해야 한다. 또한, 구하고자 하는 목적이 분명하다면 반드시 주신다.

"그러므로 내가 너희에게 말하노니 무엇이든지 기도하고 구하는 것은 받은 줄로 믿으라 그리하면 너희에게 그대로 되리라(막11:24)

결혼 후 4년쯤 된 시점에 아내가 이런 말을 한다.

"우리는 집을 언제쯤이면 갖게 될까요?"하며 궁금해 한다.

물론, 집을 살 수 있는 돈이 없기 때문에 집을 당장 구입하자는 말이 아니라 그저 지나가는 말로 하는 말이었다. 여자는 결혼하면 집 마련하는 것이 관심사라고 한다. 여하튼 나도 그날부터 집에 관심을 갖게 되었다.

나는 내가 사는 전주 시내의 골목골목을 다니며 영업을 했기 때문에 살기에 좋은 집의 요지 정도는 알 수 있다.

아내에게 살기 좋은 집이란, 일단 시장이 가까워야 하고, 아이들 학교 보내기가 편리한 곳이어야 하고, 교통이 좋아야 한다고 생각했다. 그곳이 바로 전주 '모래내시장' 근처에 있는 전주여고 앞 주택가이다.

이곳 가까운 주변에는 학교가 6개(전주여고, 전일여중, 동북초교, 전주농고, 과학고, 동중학교)나 있어 아직 초등학교도 다니지 않는 어린아이라 초, 중, 고는 불과 3분 안에 걸어서 갈 수 있다. 어느 곳에 이렇게 많은 학군이 밀집해 있는 곳이 또 있을까 싶다.

게다가 근교에 있는 무진장(무주, 진안, 장수)에서 올라오는 신선한 농산물이 '모래내시장'으로 몰려와 직거래 장터가 형성되는 곳이다. 이 정도면 좋은 장소임에는 분명하다.

어느 날은 일찍부터 그 근처에 있는 집을 보러 다니게 되었다. 집 살 여유도 없이 말이다. 그런데 나에게 집 하나가 눈에 들어왔다. 궁궐 같은 저택 이층 양옥집이다. 당시, 나에겐 감히 상상할 수도, 꿈도 꿀 수 없는 집이다. 당시 우리 집은 보증금 이백만 원에 월세 육만 원에 살고 있는 형편이었다.

하지만 아내를 위해서인지는 몰라도 집에 관한 관심이 계속 이어졌다.

그런데 마침 어릴 적, 교회 친구 아버지가 '성자부동산'이란 상호로

56

거저 주라

그 부근에서 부동산 중개업을 하고 계시는 것이 아닌가! 집 살 돈도 없으면서 친구 아버지가 운영하는 부동산에 들러 여쭤보았다.

아버님! 요 근처 전주여고 앞에 있는 향나무 정원이 있고 멋있는 청색 대문 2층 양옥집 말인데요, 그런 집 사려면 얼마나 해요? 라고 물었더니 말이 떨어지기가 무섭게,

"그래! 수현이 돈 있어? 사실 그 집 팔려고 내놨어! 1.5억에 내놓긴 했는데 자네가 산다면 내가 잘 부탁해 봄 세, 그리고 그 집이 교장 선생님이 살던 집인데 다른 곳에 발령이 나서 세 놓고 갔기 때문에 계약만 하고 천천히 잔금을 치러도 돼" 하시면서 그 집을 자세히 설명하시는 게 아닌가! 나는 그렇군요. 하며 가진 돈이 없기 때문 그저 입맛만 다실 뿐, 설명만 듣고 왔다.1

그리고 난 후 집에 퇴근하는 길에 현수막 하나가 눈에 들어온다.

'○○○목사초청 심령대부흥회(전주 전성교회)'

요즘도 그렇지만 매년 초가 되면 교회마다 '부흥집회'를 한다.

2일째 되는 날이다. 우리 교회는 아니었지만 그날 밤 '부흥집회'에

참석하고 싶은 생각이 있어 참석했다.

강사 목사님이 말씀하신다.

"내일 밤 오실 때는 특별목적을 가지고 헌금 드리는 날이니 헌금봉투에 정성스럽게 준비하여 기도제목과 함께 가져오라"하신다.

"너희에게 무슨 말씀을 하시든지 그대로 하라."(요2:5)

다음 날 나는 순종하는 마음으로 봉투에 꽉 차도록 정성스럽게 담았다. 그런데 막상 기도 제목이 생각이 나질 않는다. 그런데 번쩍 스치는 생각과 함께 내 눈에 들어왔던 그 저택이 떠오른다.

맞아! 이거야! 기왕이면 입을 크게 벌려야지 하며

'저도 집 주세요, 제가 어제 보았던 2층 양옥집 갖고 싶어요.'라고 적었다.

다음 날이다. 일은 손에 잡히질 않고 그 집을 계약할 생각만 하게 되었다.

통장 잔액과 수중에 있는 돈을 다 모으니 이 백여만 원이 된다. 그중

백만 원을 가지고 친구 아버지 부동산을 찾아갔다. 백만 원이 있는데 그 집 계약할 수 있나요? 물었더니

"그럼, 가능하지~" 하신다.

'그럼 계약할게요' 하고 그 집을 계약해 버리는 일을 저지르게 되었다.

지금 생각해 보아도 어처구니없는 일이다. 나의 그런 배짱은 어디에서 나왔는지 모르겠다.

그저 부흥회 한 번 참석하여 목사님 말씀에 순수하게 순종한 것이 발단이 되어 이런 일이 벌어지게 된 것이다. 약간의 걱정도 되었다. 이 많은 금액을 앞으로 어떻게 준비하지, 내가 대체 무슨 일을 한 거야! 하며 중얼거렸다.

그러다가도 까짓것, 계약금 날린 샘 잡지 뭐! 하나님이 알아서 하시겠지.. 매매계약 금액만 당시 돈으로 무려 1.25억 원이다. 취등록세, 등기료, 중개수수료도 필요하다.

당시 보증금 200만 원에 월세 6만 원 셋방살이 주제에 1.25억 원(대지 60평, 건평 30여 평)은 말도 안 되는 금액이다.

그런데 이게 웬일인가!, 웬 은혜인가!

계약 후 장사가 그렇게 잘 될 줄은 미처 생각하지 못했다. 당시 나는 참고서 대리점을 하기 때문에 전주 시내 400여 곳 되는 문방구, 서점들이 참고서, 문제집, 교재를 우리 가게에 떼러 오게 된다.

가게 앞에 줄을 선다. 어느덧 걱정스럽게만 여겨졌던 집 매매 대금이 단 3개월 만에 잔금을 치르게 되는 꿈같은 일이 되었다.

이렇게 잔금을 치른 얼마 후 법무사 사무실에서 '등기부등본'이 나왔다는 연락을 받아 찾아놓고 낮에는 바빠서 자세히 들여다보진 못했다. 저녁이 되어 잠을 청하려 하니 잠이 오질 않는다. 평생에 처음 집을 갖게 된 감격에서이다.

낮에 찾아온 '등기부등본'을 다시 보았다. 그런데 놀라운 것을 발견하게 되었다. 숫자 하나가 눈에 선명하게 들어오는 것이다. 소름 치도록 닭살이 돋는다. '4월 8일'이다.

아!, 이날은 정확히 4년 전 총각인 내가 우리 교회 담임 목사에게 차를 선물하기 위해 3년 할부로 계약한 날이다. 날짜가 뭐 그리 중요 하느냐고 묻겠지만 그저 우연이라고 덮어버리기에 나에게는 큰 교훈과 감격으로 다가왔다.

거저 주라

하나님께서 나에게 이런 음성을 들려주시는 것 같았다.

"수현아! 너는 네 봉고차를 잃어버린 상황에도 너가 섬기는 교회 목사에게 승용차를 사 드리고자 하는 순수한 마음을 내가 받았다. 그날을 기억하마, 너도 그날을 기억하며 순수한 믿음을 간직하며 그렇게 살아라."

이처럼 작은 하나를 목사님에게 순종하여 드렸더니 '여호와이레' 하나님께서 결혼 4년 만에 어림잡아 자동차 값의 30배의 축복을 선물로 안겨 주신 것이다. 나는 집 대문에 우리 부부의 이름을 새겨 집주인 문패로 달았다. 그 감격은 평생 잊을 수 없는 나의 체험이 되었다.

- 주님이 하셨습니다!

(신28:1-13) "네가 네 하나님 여호와의 말씀을 삼가 듣고 내가 오늘 네게 명령하는 그의 모든 명령을 지켜 행하면 네 하나님 여호와께서 너를 세계 모든 민족 위에 뛰어나게 하실 것이라 네가 네 하나님 여호와의 말씀을 청종하면 이 모든 복이 네게 임하며 네게 이르리니 성읍에서도 복을 받고 들에서도 복을 받을 것이며 네 몸의 자녀와 네 토지의 소산과 네 짐승의 새끼와 소와 양의 새끼가 복을 받을 것이며 네 광주리와 떡 반죽 그릇이 복을 받을 것이며 네가 들어와도 복을 받고 나가도 복을 받을 것이니라 여호와께서 너를 대적하기 위해 일어난 적군들을 네 앞에서 패하게 하시리라 그들이 한 길로 너를 치러

들어왔으나 네 앞에서 일곱 길로 도망하리라 여호와께서 명령하사 네 창고와 네 손으로 하는 모든 일에 복을 내리시고 네 하나님 여호와께서 네게 주시는 땅에서 네게 복을 주실 것이며 여호와께서 네게 맹세하신 대로 너를 세워 자기의 성민이 되게 하시리니 이는 네가 네 하나님 여호와의 명령을 지켜 그 길로 행할 것임이니라 땅의 모든 백성이 여호와의 이름이 너를 위하여 불리는 것을 보고 너를 두려워하리라 여호와께서 네게 주리라고 네 조상들에게 맹세하신 땅에서 네게 복을 주사 네 몸의 소생과 가축의 새끼와 토지의 소산을 많게 하시며 여호와께서 너를 위하여 하늘의 아름다운 보고를 여시사 네 땅에 때를 따라 비를 내리시고 네 손으로 하는 모든 일에 복을 주시리니 네가 많은 민족에게 꾸어줄지라도 너는 꾸지 아니할 것이요. 여호와께서 너를 머리가 되고 꼬리가 되지 않게 하시며 위에만 있고 아래에 있지 않게 하시리니..."

〈찬송〉 "사철에 봄바람 불어 잇고"

사철에 봄바람 불어있고 하나님 아버지 모셨으니
믿음의 반석도 든든하다 우리집 즐거운 동산이라

어비이 우리를 고이시고 동기들 사랑에 뭉쳐있고
슬픔과 설움도 같이하니 한간의 초가도 천국이라

아침과 저녁에 수고하여 다같이 일하는 온 식구가
한상에 둘러서 먹고마셔 여기가 우리의 낙원이라.

〈후렴〉: 고마와라 임마누엘 예수만 섬기는 우리 집

　　　고마와라 임마누엘 복되고 즐거운 하루하루 -아멘.

3. 군대 스토리('일빵빵'에서 '구팔공'으로)

나는 전주 향토 사단에서 8주 신병훈련을 받고 '보병소총수 100(일빵빵)' 주특기를 받았다. 보병소총수의 특징은 '3보 이상 구보와 몸으로 때우기'이다.

지금은 그 숫자가 다른 것 같다. 당시 육군 보병의 보직에는 100 ~ 990 이런 식으로 3자리가 있었는데 다 그렇다고 말할 수는 없지만, 그 특징 하나는 숫자가 낮을수록 힘든 주특기이고 숫자가 높아 갈수록 소위 '때깔' 나는 보직에 속한다고 볼 수 있다. 어떤 이유에서 그렇게 정하게 되었는지는 모른다.

신병훈련을 마치니 자대 배치를 받기 위해 '101보충대'로 가는 차에 몸을 실었다.

정확한 건 모르지만 임의 배치가 아닌 심지 뽑기 형식의 자대 배치 방식을 우리 기수 때 처음 적용했다고 한다. 당시 '101 보충대'에서 가

장 선호하는 부대가 서울 근교에 있는 30사단과

부천 33사단이란다. 하나님은 나에게 30사단을 뽑게 해 주셨다. 열심히 훈련을 받았다. '유격훈련', '100km행군', '대대 ATT', '연대 RCT', '사단기동훈련' 등 '보병소총수(일빵빵)'가 받아야 할 훈련의 종류는 거의 다 받은 것 같다.

어느덧 입대한 지 15개월이 되어 상병이라는 계급장도 달게 되었다. 이제는 어느 정도 군 생활에 익숙해져 있다. 하지만 뭔가 아쉬움이 남는다. 그 이유가 있다면 군 입대 전 군종병을 사모해 왔기 때문이다. 정식TO군종병(980)도 못해보고 이대로 '보병소총수(일빵빵)'의 임무에서 군 생활을 마쳐야 하나? 이런 고민을 하게 되었다.

그런데 우리 대대 선임 군종병(이석인 병장)이 제대를 3개월 정도 앞두고 후임자를 정해야만 하는 시점에 있었다. 당시에 나는 중대 군종병 업무를 맡고 있었다. 나와 같은 중대 군종병 4명과 거기에 평소 신실하다고 판단되는 두 사람을 합하여 여섯 명을 놓고 후임자를 정하는 모양이었다.

당시 군목은 연대급에 한 분밖에 없기 때문에 주일 낮 예배는 한 달에 한 번 대대교회에 설교하러 오시고 주일 밤과 수요 저녁 예배는 대대 군종병이 설교를 하게 된다. 선임 군종병은 나름의 기준을 정하여 후보자 여섯 명을 놓고 기도와 설교를 교대로 시켜보는 것이다.

나는 그토록 사모해 온 후임 군종병으로 발탁되기 위해 별다른 인간적인 방법을 생각하지 않고 그저 하나님께 매달려 기도만 했다. 저녁 취침 나팔 소리와 함께 얼굴을 모포에 묻고 취침 담요가 적시도록 애절하게 눈물로 기도했다.

사실 난, 후보 6명 중 가장 부족한 사람이었다. 부족하지만 간절히 사모하면 주시리 라는 확신을 갖고 정성을 다해 기도하고 또 기도했다. 선임 군종병이 순번으로 정해놓은 설교와 기도를 소신껏 준비해 설교했고, 정성을 담아 간절히 기도했다.

이제 곧 제대를 앞둔 선임 군종병(이석인 병장)이 결정을 내려야 할 시간이 다가온 것이다. 교회(당시 진격교회) 선임 군종병에게서 연락이 왔다. 긴장된 마음으로 교회 군종실에 달려갔다. 6명 모두를 부른 줄로 알았는데 가보니 나 혼자였다. 선임 군종병이 말을 꺼낸다.

"지금까지 후임자를 위해 기도하면서 지켜보았는데 아무래도 배 상병이 적임자라고 생각되었고 배 상병에게 물려주어야겠다는 마음을 하나님이 주셨다"라고 말하는 것이 아닌가! 할렐루야!! 그 말을 듣고 있는 나는 호흡이 멎는 줄 알았다. 이것이 꿈인지, 생시인지! 의심할 정도였다. 나는 그저 흥분된 마음을 주체할 수 없었다.

그리고 얼마 후 연대 인사과에서 나의 주특기가 갱신되었다는 공문이 도착했고 정식 주특기인 '대대군종병(980)'으로 발령되었다. 날아갈 것만 같았다. 소대 내무반 생활에서 부대 내 단독 교회(진격교회)로 거처가 옮겨졌다. "군종병은 총기 소지도 필요 없다"면서 지급되었던 총기도 수거해가 버렸다. 이렇게 짧은 시간에 '보병소총수(일빵빵)'가 '대대군종병(구팔공)'이 된 것이다.

바로 어제만 해도, 기상나팔 소리와 함께 눈만 뜨면 이어지는 아침 점호와 청소 그리고 식사 후 훈련을 받기 위해 매일 오전, 오후 학과 출장을 나가는 것이 일상이었는데 모든 보병훈련을 열외하고 오직 교회 일에만 전념하는 일과로 바뀌지게 된 것이다. 낮에는 군종실에서 잠을 좀 청하고 밤에는 우리 대대가 맡고 있는 전역의 초소 근무자에게 차를 끓여 마호병에 담아 한 잔씩 전달하며 위로하는 일을 한다. 일반 병사들과는 완전히 차별화된 일상이다. 이것이 내가 꿈꿔 왔던 군 생활이었는데 하나님이 그 소원을 이루어주신 것이다.

그리고 우리 대대에는 단독 교회(진격교회)가 영내에 있었기 때문에 주일 낮 밤, 수요 저녁 예배를 '대대군종병'이 인도한다. 분기마다 군목이 오셔서 주일 낮 예배에 세례식을 거행하고 절기행사를 치른다. 정말 기쁘게 일했던 것 같다.

그리고 신병교육, 이등병 시절부터 주일과 수요예배에 빠짐없이 나갔다. 그래서인지 소대 군종병, 중대 군종병을 하게 되었고 드디어는 그토록 사모했던 정식 주특기인 '대대군종병(구팔공)'이 된 것이다. 이렇게 된 것은 보잘것없는 나를 위한 주님의 자비로우신 손길이었고, 군에 가 있는 자식을 위해 날마다 어머니가 흘린 눈물의 기도였음을 나는 고백한다.

4. 직분은 감사와 두려움으로!

그런데 '운명의 장난'이라는 말을 누가 말하였던가!

부대 안 목욕탕에서 사건이 벌어졌다.

불과 며칠 전, 같은 소대 내무반에 근무했던 부하를 부대 내 공동목욕탕에서 만나게 되었는데 목욕하던 중 나에게 세수할 대야가 필요했다.

그래서 마침 옆에 있는 부하인 '김 상병! 네 앞에 있는 세수대야 좀 줘 봐'라고 했더니 대뜸 하는 말이 "배 상병님이 직접 가져다 쓰세요!"라고 일명, 개기는 것이 아닌가!

평소에는 있을 수 없는 반응이다. 이유인즉, 바로 밑 기수이었기에 그동안 선임 고참인 나에게 군기로 시달림을 받아왔고, 더구나 내가 하루아침에 모든 훈련을 열 외 하고, 일명 '때깔' 나는 신분으로 변해버린 모습을 보고 시기, 질투하는 마음도 있었을 것이라는 생각이 된다. 게다가 이제는 같은 내무반에서 생활하지도 않게 되었으니 한 번쯤 엉겨볼 생각도 한 모양이다.

아무리 그렇다 하더라도 군에서 고참인 나에게 감히 불복하다니! 화가 치밀어 올라왔다. 일말의 틈도 없이 '이 자식이!' 하면서 볼 따귀를 올려쳤는데 그 친구가 고개를 돌리는 바람에 귀 쪽을 맞게 된 것이다. 그 후배는 따귀를 맞자마자 "귀가 들리지 않는다"며 곧바로 의무대로 달려가 드러누워 버렸다.

당시 부대 훈령에는 '구타금지명령'이 최우선 지시사항이었다.

나는 눈앞이 캄캄하였다. 그토록 사모했던 '군종사병' 주특기를 받은 지 몇 날도 되지 않아 구타한 병사가 되어 영창에 가게 될 운명에 처한 것이다. 그것도 '대대 군종병'이란 사람이 말이다. 의무실에서는 조서가 작성 중이다. 군종병에게 구타당하여 고막이 파열되었다는 소견서를 의무관이 헌병대에 접수하면 나는 곧바로 조사를 받으러 헌병대에 호송되어가는 신세가 된 것이다. 시간을 다투는 긴급한 상황이다.

결국, 이렇게 끝나려고 '대대 군종병'이 되었나! 하는 좌절감이 들

찰나에, 번쩍 스쳐 지나가는 생각이 떠올랐다.

　헌병대를 생각하니, 마침 내가 어릴 적 시골교회 선배(현, 미국 시카고 거주 송찬섭 장로)가 우리 사단의 헌병대에 있다는 얘기를 누군가로부터 들은 기억이 났다. 나는 군 전화기를 다급하게 돌려 헌병대에 연결을 부탁했다. 수신자의 목소리가 들린다. 그런데 마침 그날 그 선배가 당직 근무자였다.

　"네, 헌병대 송 하사입니다."

　'혹시, 찬섭이 형 아니십니까!'

　"맞는데 누구십니까?"

　'형, 나~ 수현이 입니다.' 했더니, 용건은 물어보지도 않고,

　"그래, 배수현! 너 꼼짝 말고 거기 그대로 있어야 한다."

　이렇게 통화를 나누고 전화를 끊게 되었는데 거짓말처럼 들려질지 모르겠지만, 불과 5분도 채 되지 않아 사단 헌병대 백차가 도착 되고, 웅장한 군화 소리와 함께 위엄스런 헌병대 복장을 하고 선배가 백차에서 내려오는 것이 아닌가! 우린 서로 보는 순간, 누가 먼저라 할 것 없

이 손을 내밀어 포옹하며 반갑게 상면하게 되었다.

그리고 선배에게 내가 지금 처해 있는 전후 사정을 설명해 주었다. 나와 선배는 입원해 있는 김 상병을 향하여 의무실에 갔다. 도착하자마자 선배는 의무실에 있는 의무관을 찾는다.

의무관(중위)이 먼저, 선배인 헌병(하사)에게 거수경례를 하는 것이 아닌가!

"송 하사님! 어떤 일이십니까?" 묻는다. 나는 그저 신기하기만 했다. 곧바로 선배는 나에게 구타당한 김○○상병에게로 갔다.

"자네가 김○상병인가? 네, 그렇습니다!" 하며 자리에서 벌떡 일어난다.

"김○○상병, 귀가 안 들린다고 했는데 사실인가?"

"아닙니다! 들립니다."

"그런데 왜 안 들린다고 여기에 있나!"

"잘못했습니다! 곧 나가겠습니다."

선배는 그 말을 듣자마자 의무관이 기록한 조서의 소견서를 그 자리에서 찢어버리는 것이 아닌가! 그걸 보고 있는 나로서는 민망하기만 했다. 역시, 사건을 많이 다뤄 본 헌병은 헌병이라는 생각이 들었다. 정말 짧은 시간에 벌어진 일이고 사건은 이렇게 일단락이 되어버렸다.

지금에 와서 생각해 보면 김 상병은 헌병대 선배의 질문에 한쪽 귀가 안 들린다고 말했어야 맞는 것이었다. 다른 한쪽 귀는 들리니 말이다.

나는 지금도 그 김○○상병이 그때 정말 고막이 파열되어 귀가 안 들렸는지, 다른 생각이 있어 그런 작전을 폈는지는 잘 모르겠다. 하지만 나는 지금 그 김**상병이 어디에 살고 있는지? 궁금하다. 나는 그때 그 선배로 인해 위기상황을 모면하게 되었지만 그 김 상병이 받은 상처와 고통은 지워지지 않았을지도 모른다.

오래전 이야기이긴 하지만 혹여, 이 글을 접하게 된다면 꼭, 만나게 되었으면 좋겠다. 먼저 이 책을 통해 진심으로 사과드린다고 말하고 싶고, 실제로 그의 귀가 잘 못 되었다면 충분히 보상해주고 용서를 빌고 싶다.

이처럼, 그날 필자는 보이지는 않았지만 천국과 지옥을 동시에 경험하게 되었던 것이다. 분, 초를 다투는 마당에 만일, 그때 선배가 헌병대

당직을 서지 않았더라면 그 전화를 받지도 못했을 것이고 꼼짝없이 영창 신세가 되었을 것이다. 생각만 해도 아찔한 순간이다.

돌이켜 생각해 보면 그토록 소원했던 군종병을 하나님이 응답해 주셨는데 그 감격과 감사를 잊어버리고 그저 의기양양하기만 했다. 하나님께서는 이런 모습의 나에게 자만하지 말고, 정신 바짝 차리고 주신 직분을 감사와 두려운 마음으로 군종병의 직분을 잘 감당하라고 경고하신 것이라는 교훈을 그 일을 통해 알게 된 것이다.

나는 16개월여 동안 대대 군종병의 일을 정말 열심히 했던 것 같다. 낡은 교회를 보수해야겠다는 생각으로 외부 지원을 얻기 위해, 당시 종로에 있는'구세군대한본영'을 방문하는 등 부대 근교 주변 교회들의 힘을 얻어 나에게 맡겨진 교회(진격교회)를 깨끗하게 실내, 외에 변화를 주게 되었다.

뿐만 아니라, 관사에 있는 대대장님을 교회에 나올 수 있도록 먼저 믿었던 사모님을 통해 연합작전을 펴 나오게 되었고 대대장 부부가 나오니 이어서 부대대장 부부도 함께 나오게 되었다. 훈련기간에는 사모님들과 함께 맛있는 '도너스'를 만들어 훈련에 참여한 장병들에게 위로와 격려를 하는 등 나름 열심을 다 한 것 같다.

- 주님이 하셨습니다!

〈찬송〉 **"겸손히 주를 섬길 때"**

겸손히 주를 섬길 때 괴로운 일이 많으나
구주여 내게 힘 주사 잘 감당하게 하소서

인자한 말을 가지고 사람을 감화시키며
갈길을 잃은 무리를 잘 인도하게 하소서

구주의 귀한 인내를 깨달아 알게 하시고
굳건한 믿음 주셔서 늘 승리하게 하소서

장래에 영광 비추사 소망이 되게 하시며
구주와 함께 살면서 참평강 얻게 하소서 -아멘

5. 양심에 불편한 것을 정리하게 된 사연

이 책에 언급한 것처럼 필자는 교회재정을 소중히 알아 나름 양심에 거리낌 없이 교회재정을 축내지 않았음을 고백하였다. 그런데 기도하는 중에 이런 마음의 생각이 나를 울리게 한다.

"너는 그런 말 할 자격이 없다. 떠올려 생각해 봐라"

이 음성이 가슴을 매 친다. 생각해 보았다. 정말 그렇다. 나는 그동안 장로라는 이름 아래 많은 혜택을 누려 왔던 것이다. 조목조목 생각이 났다. 그런데 나는 그 누구보다도 하나님 앞에 교회의 재정 사용만큼은 깨끗하다고 생각했었는데 이런 엄청난 재정적 혜택을 누려왔다니 이게 웬 말인가! 두렵고 떨리며 부끄러웠다.

물론 내 의지와는 상관없는 것이었지만 나 자신을 위해 교회의 재정적 혜택을 받아왔던 것은 부인할 수 없는 사실이다. 자의든 타의든 죄는 죄다.

그 항목과 금액을 이 책에 소상히 밝힐 수는 없지만 제법 큰 액수의 혜택을 받아 교회재정을 축내게 되었던 것이다. 그 항목 대부분은 공적인 부분의 교회 활동, 노회 활동에 교회의 묵인하에 사용해 왔다. 어찌 생각하면 그런 것쯤은 당연한 것으로 생각할 수도 있다. 하지만 '모르고 지은 죄도 죄다.' 죄에는 반드시 결과가 따르기 때문이다.

나는 회개하며 전에 25년 동안 섬겨왔던 교회의 김인중 원로목사 후임 담임목사(김성겸 목사)에게 면담을 요청하고 찾아갔다. 이미 책을 통해 선언하고 약속된 대로 그동안 섬기던 교회를 떠나는 마지막 주간이어서 어차피 담임목사님께 인사드릴 계획이 서 있었기 때문에 그 시간을 통해 찾아뵙게 되었다.

'목사님, 그동안 교회의 재정 사용만큼은 자신이 깨끗하다고 생각했었는데 기도 중에 생각되는 양심에 가책되는 부분이 있습니다.' 하며 이러이러한 항목의 내용을 말씀해드렸고 그 액수에 해당하는 금액을 미리 준비해 담아둔 봉투를 건네 드렸다.

김성겸 담임목사님께서는 "장로님께서 양심에 가책을 느껴 결단한 것이니 받겠습니다."

그 순간 나는 마음이 가뿐해지며 날아갈 것만 같았다. 죄를 해결 받은 기쁨이 이런 것일까!

- 주님이 하셨습니다!

(행23:1b) "~ 오늘까지 나는 범사에 양심을 따라 하나님을 섬겼노라 하거늘"

(행24:16) "이것으로 말미암아 나도 하나님과 사람에 대하여 항상 양심에 거리낌이 없기를 힘쓰나이다."

(사1:16) "너희는 스스로 씻으며 스스로 깨끗하게 하여 내 목전에서 너희 악한 행실을 버리며 행악을 그치고"

(살전5:22) "악은 어떤 모양이라도 버려라"

〈찬송〉 **"주 예수의 강림이"**

주예수의 강림이 가까우니 저천국을 얻을자 회개하라
주성령도 너희를 부르시고 뭇천사도 나와서 영접하네

주예수님 너희를 찾으시니 왜의심을 하면서 오지않나
온세상죄 담당한 어린양은 죄많은자 불러서 구원하네

이세상이 즐기는 재물로는 네근심과 고초를 못면하리
또숨질때 위로를 못얻으며 저천국에 갈길도 못찾으리

내아버지 주시는 생명양식 다배불리 먹고서 영생하라
곧의심을 버리고 주께오면 그한없는 자비를 힘입으리

거저 주라

4장

거저 주라

1. 일터가 교회 되게

하나님께서는 각 사람에게 재능에 따라 아름다운 일터를 주셔서 삶을 영위하게 만드신다. 그런데 그 일터는 나의 것이 아니라 최고경영자 되시는 하나님의 것이기 때문에 관리자의 직분을 맡겨주신 일터에서 성실하고 진실되게 그 일터를 관리해 나가야 한다. 또한, 관리자는 매일매일 관리 상황을 경영자에게 수시로 보고해야 하고 문제점을 아뢰어 경영자에게 해결 받아야 한다.

"여호와는 나의 산업과 나의 잔의 소득이시니 나의 분깃을 지키시나이다 내게 줄로 재어 준 구역은 아름다운 곳에 있음이여 나의 기업이 실로 아름답도다"(시16:5~6)

예수님의 생애는 '거저 주는 삶'이셨다. 아무런 죄도 없으신 분이 인류(나)를 살리시려 생명까지 거저 주셨다. 그리스도인의 본질적 삶은 '거저 주는 삶'이다.

사실, 내가 가진 전부는 나의 것이 아니고 주님 것이다. 땅, 해, 달, 별, 햇빛, 바람, 비, 공기, 생명체, 태양에너지, 중력, 재능, 지식, 힘, 건강, 물질, 생명, 복음,... 어느 것 하나 값을 지불하고 가져온 것이 없다. 아무런 대가 없이 거저 받은 은혜이다.

(마10:8b) "너희가 거저 받았으니 거저 주라"

나는 일터에 대형 현수막으로 "거저 받았으니 거저 주라" 고 제작해 걸어두었다. 직접 거리에 나서서 전도는 못 하지만 우리 사무실에 방문하는 거래처와 손님들에게 복음을 전하기 위해서다. 저 말뜻이 무엇인지는 모를지라도 언젠가는 기억될 것이기 때문이다.

"너희는 너희가 하나님의 성전인 것과 하나님의 성령이 너희 안에 계시는 것을 알지 못하느냐
누구든지 하나님의 성전을 더럽히면 하나님이 그 사람을 멸하시리라 하나님의 성전은 거룩하니 너희도 그러하니라(고전3:16~17)

그리스도인 한 사람 한 사람이 교회이다. 교회는 '유형교회'와 '무형교회'가 있다. '유형교회'는 '예배당'으로 사용되는 건물일 뿐이다. 건물에서는 역사가 나타날 수 없다. 오히려 건물은 낡고 오래되면 무너진다. 실재, 그 웅장한 교회들이 예수님이 무너뜨려질 것을 말씀하셨다. 교회가 교회로서의 사명과 역할을 다하지 않으면 결국 무너지게 되어 있다.

(마24:1~2, 눅21:5~6) "예수께서 성전에서 나가실 때에 제자 중 하나가 이르되 선생님이여 보소서 이 돌들이 어떠하며 이 건물들이 어떠하니이까 예수께서 이르시되 네가 이 큰 건물들을 보느냐 돌 하나도 돌 위에 남지 않고 다 무

너뜨려지리라 하시니라"

그러나 '무형교회'인 우리 몸은 영이 지배하는 것이기 때문에 무한한 성령의 역사가 나타나야 한다. 그리스도인은 움직이는 교회이다. 그리스도인이 움직일 때 언제 어디서든 그리스도인의 빛과 향기가 나타나야 한다. 교회는 세상을 향해 빛과 소금이 되어야 할 사명이 있다.

빛과 소금이 되려면 자신이 죽어야 한다. 자신을 희생시켜 자아가 태워지고 녹아져야 빛과 소금의 역할을 하게 되는 것이다. 또한, 교회는 예수님을 소문내고 알려야 한다. 때문에, 나 자신이 언제 어디에서 일하든지 그 일터가 교회의 현장이 되어야 하고 내가 소유하고 있는 예수님을 거저 주어야 한다는 말이다.

(눅7:17) "예수께 대한 이 소문이 온 유대와 사방에 두루 퍼지니라"

(마 5:13-14) "너희는 세상의 소금이니 소금이 만일 그 맛을 잃으면 무엇으로 짜게 하리요 후에는 아무 쓸데 없어 다만 밖에 버리워 사람에게 밟힐 뿐이니라 너희는 세상의 빛이라 산 위에 있는 동네가 숨기우지 못할 것이요"

거저 주라

2. 신용불량자가 된 믿음의 동료에게 승용차를 주게 된 사연

그 누가 보아도 반듯하고 잘나가는 줄만 알았던 동료 신앙인이 길거리에 나 앉게 되었다 한다.

그분은 모 회사 중역 간부였고 한 때 남부럽지 않은 환경에서 무탈하게 살아오신 분이다. 그런데 잘은 모르지만, 동료에게 보증 한번 서 준 것이 잘못되어 신용불량자가 되어 자신의 이름으로는 금융거래를 할 수 없는 처지에 놓이게 되신 분이다.

어느 날 지나가는 내 차 안에서 우연히 그분을 보게 되었다. 시내버스를 기다리고 있는 것 같았다. 나는 그분을 보는 순간 고개가 갸우뚱해졌다. 그분은 분명히 차가 있는 분이신데 왜 시내버스 승강장에서 초라한 모습으로 차를 기다리는 걸까? 생각하고 지나쳤다. 궁금했다.

어느 날 그분을 만나 그때 본 상황을 여쭤보았다. 그래서 그분의 사정을 알게 되었다. 그 심정을 조금은 알 것 같았다.

나는 그분에게 어떠한 도움을 드릴까를 생각하다가 '자동차를 드려야 겠다'는 마음이 들었다. 시내버스 정류장에서 보게 되어서 인지는 몰라도 그분에게 차가 제일 필요할 것이라 생각되었다.

그래서 아내에겐 미안했지만 당장 도움을 주기 위해 아내에게 그분 사정을 말하고 '당신이 타고 다니는 차를 드리면 어떻겠느냐'고 아내에게 상의하였더니 아내는 묻지도 따지지도 않고 "하나님이 그런 마음을 주셨으면 그렇게 하세요"라고 한다.

아내가 고맙고 존경스럽게 느껴졌다. 그 차로 아내는 거의 시장만 다닐 정도였기 때문에 주행거리가 얼마 되지 않은 승용차이다. 열쇠와 자동차를 조심스럽게 건네주었다. 이후로 아내에게는 더 좋은 차로 대체해 주셨다.

지금도 그분은 "차 덕분에 하는 일도 자리 잡아가고 요긴하게 잘 타고 다니게 되어 감사하다"는 말을 건네곤 한다. '하루빨리 그분의 사업이 회복되어 예전처럼 살아가셨으면 좋겠다'는 마음을 받으셨는지 이젠, 예전의 모습을 되찾아 활기찬 모습으로 기쁘게 살아가고 있다는 소식을 듣게 되었다.

- 주님이 하셨습니다!

3. 어느 청년에게 책을 출간하게 하다

　요즘 출판사에서는 '자비출판'이 아닌 '인세출판'을 기피 한다. 책이 잘 판매되지 않기 때문이다. 작가가 투고한 원고를 받아 '인세출판'을 하려는 결단을 출판사가 내리기엔 여러 가지 사항을 고려하게 된다. 우선, 한 권의 책이 나오기까지에는 적잖은 제작비가 소요된다.

　하나같이 어느 원고를 받아보아도 일부를 제외하고는 버릴 것이 없을 정도로 소중한 내용의 글들이다. 작가가 되어보려고 심혈을 기울여 글을 통하여 자신을 담아내려고 애쓰고 있다는 것을 알 수 있다. 하지만, 수십 수백 군데의 출판사에게 책을 내달라고 노크해 보지만 일부 도서를 제외하고는 연락을 주는 출판사는 거의 없을 정도이다. 때문에, 작가 지망생들이 결국 포기하고 마는 경우가 대부분인 것이 현실이다.

　하지만 나는 생각을 좀 달리했다. 이 소중한 자신만의 글들을 책을 통해 알리고 싶지만 정작, 출간해주는 출판사가 없다면 그 글들은 어디론가 묻혀 사라지게 될 것이다. 그래서 나는 손해를 감수하고라도 웬만하면 출간을 해주는 편이다.

　이렇게 하다 보면 때론, 출판의 보람과 자부심도 갖게 된다.

　어느 날 늦은 시간 집에 퇴근하여 우연히 기독교 방송에서 간증을 전하는 청년을 보게 되었다. 간증 내용은 이렇다. 이 청년은 노숙인 체험을 위해 신문지 한 장을 들고 노숙인과 함께 지하철 계단 밑에서 잠을 자곤 한다. 그러면서 노숙인들을 더 깊이 알게 되었고 그들을 이해하게 되었다 한다.

또한, 아르바이트를 해서 모은 돈으로 그들을 섬기고 독거노인들에게 찾아가 시장에서 사 온 반찬거리들을 가지고 식사를 지어 같이 먹고 말벗이 되어준다. 그의 선행이 알려지면서 초대받아 강의도 하게 되어 강사료를 모아 목돈이 생기면 틀니도 해드리고 보청기도 끼워드린다.

이 청년의 모든 일에는 '나눔'이라는 키워드가 있다.

나눔 데이트, 나눔 계, 나눔 동창회.. 여자 친구와 데이트 할 때에도 하루 얼마씩 모아 나눔 잔치를 한다. 데이트 100일 기념일에 노숙자 찾아가기, 소외되고 그늘진 곳에 빵과 복음 전하기.. 이루 다 말할 수 없을 만큼 많은 나눔의 본을 보이는 정말 보기 드문 당시 25살 청년이다. 196cm의 훤칠한 신장에 원래 축구선수가 꿈인 이 청년은 축구선수의 길을 가다가 몸이 다쳐 그 꿈을 접게 되었단다.

구구절절 감동을 주는 간증을 얼마나 맛깔나게 잘하는지 모른다. 듣는 내내 대견스럽고 이 나라에 저런 청년이 있다고 하는 사실에 자랑스럽기만 하였다.

방송 말미에 사회자가 "앞으로 어떤 계획이 있느냐"고 물었을 때 "나도 자신의 책을 내고 싶다"고 한다. 나는 그 말을 듣는 순간 내가 그 책을 만들어 주어야지 하는 생각이 들었다.

다음날 그 청년의 이름을 검색해 보았다. '나눔 전도사 송○○' 이라고 바로 나온다. 그의 동영상도 같이 유튜브에 흘러나온다. 정말 반가웠다. 연락처도 나와 있다. 통화를 하게 되었다.

'어제 방송에서 간증 들었습니다. 정말 감동적이었습니다. 전도사님의 책을 내어 드리고 싶습니다. 어제 그랬잖아요, 책을 내고 싶다'고,

그러자 "아니요, 지금 당장 내겠다는 말이 아니었고요 일 좀 더 하고 빠르면 한 십년 쯤 지난 다음에 내고 싶다는 말이었습니다. 그리고 나는 글재주도 없고 작가가 될 자격이 없습니다."

나는 그 말이 끝나기가 무섭게 '아니, 지금 당장 낼 수 있어요, 작가가 될 수 있어요, 어제 간증했듯이 그렇게 쓰면 돼요, 내가 도와 드릴게요' 했더니, "진짜요! 제가 작가가 될 수 있어요! 아, 진짜요!!"를 연발한다.

'그래요. 집중해서 한두 주일만 시간을 내어 그동안 모아 둔 사진이나 글 등을 정리해서 편집하면 되니까 그렇게 해보라' 했더니 즉각 "실행해 보겠다" 한다.

나중에 안 사실이지만 책을 내겠다고 하는 것은 '남의 손을 빌리지 않고 나 자신이 번 돈으로 나눔 사역하는 것이 자신이 생각하는 나눔의 본질'이라고 하는 원칙이 있었기에 책이 나오면 그 책을 팔아 더 활발하게 나눔을 할 수 있을 것 같았고 강연을 초대받아도 청중들에게 더 신뢰 있는 강연이 될 수 있겠다는 소망이 있었던 것이다.

아무튼, 그로부터 두 달여 만에 기적 같은 책이 나오게 되었다. 그런데 그 어느 훌륭한 작가가 쓴 책보다 더 순수하고 진한 감동을 주는 저서가 된 것이다. 할렐루야!

이 책 '스물다섯 미친 나눔으로 세상을 바꾸다'로 인해 당당하게 초대받은 강연자로, 책을 쓴 작가로서 인정받기 시작했다. 한 번은 기쁜 소식을 전한다. "장로님! 제 책을 읽고 미국에서도 연락이 왔어요, 비행기 표 보낼 테니 와서 강연을 해 달래요" 하며 말이다.

언젠가 '나눔 데이트'를 하며 지냈던 예쁜 여자 친구 부모님에게 결혼 승낙을 받게 되었다며 같이 미국에서 공부를 좀 더하고 오겠다고 여자 친구와 함께 찾아왔다.

"감사합니다, 고맙습니다, 은혜 잊지 않겠습니다!." 나는 '내가 한 것이 아니고 하나님께서 그런 마음을 주셨을 때 순종한 것 뿐이라'고..

그렇다. 아무것도 몰랐던 나에게 출판이라는 것을 하나님이 알게 해 주셨으니 도움이 될 만한 필요한 것을 주는 것은 당연한 일이다.

그런데 그 청년이 어느덧 결혼하게 되었고 신학교를 마치고 미국 유학 후 국내 어느 교회의 부 교역자로 사역하다 얼마 되지 않아 개척하게 되는 등 많은 이들에게 감동을 주는 목회자로 그 사역의 지경이 넓혀져 가고 있다는 소식을 멀리서나마 지켜보며 이름을 불러가며 오늘도 기도로 응원하고 있다.

- 주님이 하셨습니다!

〈찬송〉 **"내 진정 사모하는"**

내 진정 사모하는 친구가 되시는 구주 예수님은 아름다워라
산 밑에 백합화요 빛나는 새벽별 주님 형언 할길 아주 없도다
내 맘이 아플 적에 큰 위로 되시며 나 외로울 때 좋은 친구라

내 맘의 모든 염려 이세상 고락도 주님 항상 같이 하여 주시고
시험을 당할 때에 악마의 계교를 즉시 물리치사 나를 지키네

온 세상 날 버려도 주 예수 안 버려 끝까지 나를 돌아보시니

내 맘을 다하여서 주님을 따르면 길이길이 나를 사랑하리니
물불이 두렵잖고 창검도 겁 없네 주는 높은 산성 내 방패시라
내 영혼 먹이시는 그 은혜 누리고 나 친히 주를 뵙기 원하네

〈후렴〉
주는 저산 밑에 백합 빛나는 새벽별 이 땅위에 비길 것이 없도다. -아멘

4. 어느 포장마차에서

개인 사업을 하는 사람에게는 시간에 쫓겨 때론 점심을 거르거나 간단한 것으로 요기를 하기도 한다.

어느 날도 시간을 놓쳐 늦은 점심에 요기나 할까 하고 포장마차에 들어갔다. 그곳에서 순대를 시켰다. 마침 주문한 순대가 나오려는 시점에 중학생 또래 여학생 3명이 내가 있는 포장마차로 들어왔다.

"뭘 먹지?" 하며 떡볶이 3인분을 시키는 것이다. 각자 돈을 호주머니에서 꺼내며 "순대도 먹고 싶은데 돈이 없어 못 먹겠다"고 귓속말로

중얼거린다. 그 사이에 내가 시킨 순대가 나왔다. 그런데 나는 그 순대를 먹을 수가 없었다.

나는 그 학생들이 자존심 상하지 않도록 순간의 기질을 발휘하여 '학생들, 내가 시간이 없어서 그런데 이 순대 방금 나온 건데 학생들이 먹어 주면 좋겠다고' 했더니 모두가 정말요!, 진짜요! 하며 좋아했다.

"아저씨, 감사해요, 잘 먹겠습니다. 그런데 아저씨는 누구세요?"라고 묻는다.

'아, 아, 내가 시간이 급해서 말해줄 순 없고 대신 학생들, 예수 믿으면 좋겠다'는 말만 던지고 그냥 얼른 나와 버렸다.

사실은 너무 배가 고파 점심 대용으로 그 순대를 먹고 싶었지만 나에게도 그들 또래의 딸이 있었기에 딸 생각도 나고 해서 나보다는 먼저 그들의 배고픔을 채워주고 싶었다. 필자는 당시, 그 학생들을 전도하려는 생각은 1도 안했다.

그런데 하나님은 그들을 구원하시고자 하는 계획이 있으셨던 것이라 생각했다. 나중에 안 사실이지만 나는 그 포장마차를 종종 가는 단골이었기에 포장마차 주인이 내가 예수 믿는 사람이라는 정도는 알고 있었고 그 포장마차 주인도 믿는 분이셨다.

어느 날 그 포장마차에 다시 들렀더니 그 주인이 말하기를 "그 학생들 중에 둘은 교회에 다니는데 한 학생이 나가질 않아 그 친구 둘이 그를 전도 대상자로 품고 기도하는 중이었고 바로 그 학생이 순대도 먹고 싶다는 학생이었는데 순대도 먹게 되었고, 예수 믿으면 좋겠다는 말에 그날로 예수 믿기로 작정하게 되었고, 안산 어느 교회 중등부 워십팀으로 열심히 섬기게 되었다"는 것이다.

이것은 분명 그 학생을 위해 그 친구들이 꾸준히 기도해온 결실이라 생각한다.

난, 단지 딸들 생각이 나서 먹는 걸 자제하고 그들을 먼저 먹이고 싶었고 더 나아가 순간 주님이 역사하셔서 내 속에 계신 예수님을 주게 되었던 것이다. 이처럼, 작은 것이지만 거저 주는 것은 일상의 삶 속에서 내 안에 계신 예수님을 거저 주는 것이라고 말하고 싶다.

(행3;6)"베드로가 가로되 은과 금은 내게 없거니와 내게 있는 것으로 네게 주노니 곧 나사렛 예수 그리스도의 이름으로 걸으라 하고"

5. 어느 기도원에서

난, 가끔 파주시 오산리에 있는 기도원에 가곤 한다.

점심시간이 되어 기도원 식권 매표소에서 식권을 사려는데 눈에 띄는 어느 한 사람이 있었다. 남루한 차림의 힘없이 보였지만 체격은 건장한 남자분이다. 그런데 그분이 식권 매표소 앞에서 서성거리며 식권은 구매하지 않고 있기에,

'무슨 일 있으세요?'라고 물으니
"식권을 구입해야 하는데 카드가 안 되어 현금이 없어서 구입할 수 없다"고 한다.

그러면서 "현금인출기가 어디에 있는 줄도 모르겠다"며 "저, 식권 한 장 구해줄 수 있어요"라고 한다. 사실 현금지급기는 맞은편 건물에 있는걸 알고는 있지만, 일부러 알려 주지 않았다. 순간 드는 생각이 카드가 없지만, 자존심 때문에 그렇게 말하는 것이라 직감했다.

'아~ 그래요?'하며 얼른 식권 매표소에서 나온 식권과 거스름돈을 손에 꼭 쥐어 드리며 맛있게 드시라고 했더니 "감사하다"며 밝은 표정으로 식당에 들어가는 것이었다.

이어서 나도 식권을 구매해 아내와 함께 식당에 들어가서 식사를 했다. 난 그 남자분이 어디에서 식사하고 계시는지 궁금하여 시선을 그분이 계신 곳을 멀찍이서 바라보았다. 식판에 밥과 반찬을 산더미처럼 담아 쉴 새 없이 드시고 계셨다. 그리고는 다시 배식대에 가서 추가로

음식을 가져다 드신다. 세상에 얼마나 배가 고팠으면, 그동안 몇 끼나 굶었으면 저럴까를 생각하며 마음이 아련했다.

몹시도 배고팠던 나의 어린 시절이 생각났다. 필자는 주님께서 나에게 그분을 눈에 띄게 하셔서 작은 섬김을 하게 하신 것이 너무도 감사했다.

사실, 준다는 것은 아주 크고 거창한 것을 주는 것이 아니라, 삶 속의 예수를 거저 주는 것이고 하나님의 사랑을 거저 나누는 것이다. 주변 사람들을 돌아보고 살펴서 내 속에 있는 예수님을 알리고 나누는 것이 실천적 그리스도인이라고 생각한다.

(행20:35) "범사에 너희에게 모본을 보였노니 곧 이같이 수고하여 약한 사람들을 돕고 또 예수의 친히 말씀하신바 주는 것이 받는 것보다 복이 있다 하심을 기억하여야 할찌니라"

〈찬송〉 **"예수 나를 위하여"**

예수 나를 위하여 십자가를 질 때
세상 죄를 지시고 고초 당하셨네

거저 주라

십자가를 지심은 무슨 죄가 있나
저 무지한 사람들 메시야 죽였네

피와 같이 붉은 죄 없는 이가 없네
십자가의 공로로 눈과 같이되네

아름답다 예수여 나의 좋은 친구
예수 공로 아니면 영원 형벌받네

〈후렴〉
예수님 예수님 나의 죄 위하여 보배 피를 흘리니 죄인 받으소서
-아멘

6. '안산동산고' 탄생의 현장에 서게 하시다

1992년 12월 전주에서 안산으로 사업장을 옮겨주셨다.

이제는 교회를 정하기 위해 몇 교회를 찾아 나섰다. 두 번째로 찾아 간 곳이 '안산동산교회(예장합동)' 주보에 김인중 담임목사라고 적혀있다. 목사님의 설교하시는 모습이 인상적이었다.

강대상 끝에서 끝까지를 번갈아 왕복하며 말씀 마치는 내내 열정적으로 전하는 모습에 마음이 끌려 등록하기로 마음먹었다. 지금껏 '예장합동'측에서 신앙생활을 해왔기에 목사님들 대부분이 젊잖고 조용한 모습으로 설교하는 목사님만 봐왔는데 합동 측에도 이런 목사님이 계시다니!..

여하튼, 나는 1992년 지금의 명문 자립형 사립학교 '안산동산고등학교'가 들어선 정문 옆 지하실에 사무실 겸 창고를 임차해 놓았었다. 당시에는 학교를 세우기 위해 산을 깎아 터를 만드는 작업이 한창 진행 중이었다.

그러던 어느 날 임차해 놓은 지하실로 초대 '교장, 교무, 행정실장'이라는 세분이 들어왔다.

요점은 "동산고등학교 첫 신입생을 받을 장소가 필요해서 왔고 한 달 정도 소요되는데 이곳에서 신입생을 받게 해 달라"는 것이다.

그래서 나는 아직 그곳을 확보만 해놓은 상태이고 마침 두 달 정도 후에 사용할 생각이었기에 흔쾌히 승낙해 주었다. 그 후 며칠 후에 와 보니 바닥에 장판을 깨끗이 깔아 놓은 것이다. 그래서 난, 장판값이 얼마냐고 물었더니 "장판 비용은 저희가 부담할게요" '아닙니다. 앞으로 저희가 계속 사용할 건데 제가 드릴게요' 하고 그 비용을 지불해 드렸고 사용료도 받지 않았다.

그런데 문제는 계속 되었다.

신입생 정원 624명 모집을 잘 마친 가운데 산을 깎아내고 바위의 발파작업 공사가 한창 진행 중에 있었다. 그 사이에 나는 지하 사무실로 이전하게 되었고 집도 그 건물 2층에 세를 얻어 왔다. 건물 주인은 3층에 살고 있었다.

그러던 어느 날 3층에 살고 있는 건물 주인이 찾아와 학교를 상대로 손해배상 청구를 하겠다는 것이다. 이유인즉, 산을 깎는 발파작업 때문에 자기의 건물에 금이 몇 곳에 가게 되었기 때문이란다.

그래서 밖에 같이 나가 보았다. 실재 금이 간 것은 맞다. 하지만 이 균열이 간 이유가 발파작업 때문인지, 아니면 시간이 흘러 건물이 자리 잡으면서 외벽 미장 처리한 부분이 이미 균열이 생겼었는지는 전문가의 진단이 없는 한 판단이 어려웠다.

그분이 나를 찾아오게 된 것은 당시 내가 동산교회에 등록하여 출석하는 동산교회 교인이었기에 나를 통해 교회에 얘기해 주어 협상을 시도해 보려는 의도였을 것이다. 그때 그 건물의 1층에는 3칸의 상가로 나누어져 있었는데 학교가 개교되지 않아 모두 비어 있었다. 나는 순간 지혜가 떠올랐다. 그 건물주에게 '사장님, 이 건물은 학교가 들어서야 가치가 올라가게 되고, 빈 점포의 임대도 나가게 될 것이고, 학교가 존재하는 한 학교의 도움을 받아야 점심때나 중간휴식 때 밖으로 내보내 줘야 학교 앞 가게에 나와서 물건도 구입하게 되지 않겠습니까!'

'괜히 학교를 상대해서 민원을 제기해 본들 보상을 받으리라는 보장도 없으니 그냥 참고 조용히 계시는 것이 어떻겠느냐'고 물었더니 덩치가 크고 밝은 인상을 가진 분은 아니었지만 순한 양같이 듣고만 있는 것이 아닌가! 이렇게 그 건물주의 마음은 진정하게 되었고 말한대로 점포 3곳도 모두 들어서게 되었다.

드디어 학교 공사가 완공되고 1학년 첫 신입생이 등교하기 시작했다.

그런데 나에게 섬길 거리가 생겼다. 당시 '안산동산고등학교'는 사립이어서 전국에 있는 모든 곳에서 오게 되었다. 안산에 있는 중학교에서 동산고에 지원원서를 써 주거나 들어올 생각을 하는 학생이 많지 않았다. 왜냐하면, 돈 많은 기업에서 학교를 세우는 것도 아니고 대기업도 운영하기 힘든 고등학교를 일개 교회에서 운영한다는 것은 사람이 판단하기에는 불안할 뿐이기 때문이다. 중간에 학교 운영이 어려워 폐교 조치라도 내려지게 되면 고스란히 학생들이 피해를 보기 때문이다. 우여곡절 끝에 신입생은 채워졌지만 실력과 인성이 문제였다.

거저 주라

그것이 나에게까지 힘든 일이 생긴 것이다. 신입생 대부분이 실력은 바닥이고 일명, 노는 애들이 모인 것이다. 무엇보다 담배를 피우다 들어온 신입생이 아침 일찍 등교하기 전 나의 지하 사무실 계단 아래에서 일단 담배를 피우고 들어간다.

때문에, 아침에 일하기 위해 지하실에 내려가 보면 담배꽁초가 바닥에 수북이 쌓여 있다. 난 어쩔 수 없이 자식 같은 애들이고, 내가 섬기는 교회에서 세운 학교이기에 묵묵히 담배꽁초를 쓸어 담는 일은 한달 정도 한 것 같다.

그런데 시간이 지나면서 담배꽁초 개수가 줄어들기 시작하더니 어느 날부턴가 보이지 않기 시작했다. 이렇게 된 것은 김인중 이사장 목사님께서 매일 인성교육과 더불어 신앙인격을 심어주기 위해 불타는 심정으로 때로는 이들 앞에서 눈물로 호소하며 뿌린 결과인 것이다.

그런데, 어느 날엔 폭우가 쏟아져 지하실에 하수가 역류되어 바닥에 물이 무릎까지 차게 되어 더 이상 그곳에서는 있을 수 없어 이제는 지하실에서 철수하여 학교 후문 1층으로 사업장을 옮기게 되었다.

하지만, 여기에서는 또 다른 일이 생겼다. 사업장 2층에 사는 분이다. 이분은 야간에 일하고 주간에는 집에서 잠을 자는 사람인데 갑자기 식칼을 들고 내려와 동산고 식당에서 일하는 사람을 다 죽여 버리겠다고 고함을 지르며 내려오는 소리가 들려왔다. 나는 얼른 그분을 제지하고 왜 그러시느냐고 하며 사무실로 데려와 일단 진정을 시키고 이유를 물었더니 저녁부터 새벽까지 일하고 집에 와 잠을 좀 자야 하는데 식당에서 식기, 그릇 닦는 소리에다 지들끼리 찬송가를 부르며 시끄럽게 해서 떠드는 소리에 도저히 잠을 잘 수 없다고 하는 것이다. 식당이 바로 1층 후문에 위치해 있었기에 소리가 바로 흘러나오게 된다.

그도 그럴 것이 처음 학교가 개교되어 교회가 세운 식당에 취직을 하게 되었으니 얼마나 감사하고 기쁜 나머지 식기를 닦으면서도 즐거워 찬송을 큰 소리로 부르는 것이다. 하지만, 자신은 기쁘지만, 모두에게 덕을 끼쳐야 하는 것이 믿음의 사람들이기에 이 부분에서는 배려가 조금 부족했던 것 같다.

여하간, 나는 그분의 말을 차분히 다 들어주고 순간의 지혜가 떠올라 그분에게 이렇게 말하였다. '사실, 나도 시끄러워 미칠 지경입니다. 그래서 진정을 낼 생각이었습니다. 안 그래도 찾아가려던 참이었어요, 오늘 내가 가서 담판을 지을 테니 아저씨는 들어가서 주무시라'고 말했더니 나에게 "제발 그렇게 해주라"고 하면서 가져왔던 칼을 공손히 들고 2층에 다시 올라가게 되었다.

나는 얼른 식당에 찾아갔다.

'집사님들, 조용히 하시고 내 말 좀 들어보세요', 하며 조금 전 상황 설명을 해주었더니 모두가 동의해 주었고 오히려 "알려줘 감사하고 그 분에게 미안하다"고 전해 주라고 한다. 이후에는 조심하게 되었고 이렇게 그 상황은 종료되었다.

이처럼 하나님은, 아직 개교도 하기 전이었지만 학교 근처에 파송시키시어 허물 많은 나를 쓰셔서 명문고로 자리 잡게 된 '안산동산고'의 정문과 후문에서 방패막이로 사용해 주심에 감사했다.

– 주님이 하셨습니다!

5장

교회, 재정 사용의 준엄성

1. 교회 재정의 구성

교회의 재정은 하나님이 주신 직장과 일터에서 열심히 일한 성도들의 땀과 수고의 대가로 얻은 일부를 영혼을 담아 드려진 소중한 헌금으로 이루어졌다는 것쯤은 예물을 드린 자라면 누구나 공감하는 사실이다. 십일조, 감사를 비롯한 각종 헌금은 하나님께 바쳐진 하나님의 것이다.

거기에는 폐지와 박스, 빈병 등을 주워서 모은 것을 팔아 얻은 수익도 있고, 몸이 불편하여 집 밖에 나가 일을 하지 못하지만, 집에서 조립품을 가져다주는 것을 조립해서 개당 얼마를 받고 얻는 수익과 각종 일용직, 청소, 아르바이트, 봉사 등을 통해 얼마의 품값을 받아 그중 일부를 하나님의 것으로 떼어 드리는 성도들도 있다. 이런 것들이 모여 교회 재정이 되는 것이다.

이렇게 드려진 소중한 헌금을 가볍게 사용할 수가 없다. 교회의 유지 관리에 필요한 고정 지출을 제외한 모든 재정은 생명을 구하고 영혼을 살리는 구령 사역과 선교, 구제 등 주님의 몸 된 교회의 역할에 충실하는 일에 사용되어야 한다.

그리고 이 헌금을 가지고 성도들에게 식사 또는 선물 명목이나 충성자에게 사례한다는 등의 명목으로 지출을 해서는 안 되고 받아서도 안 된다. 과연 누가 누구를 위한 헌신이고 봉사인가!

또한, 우리가 '헌신'이라는 말을 많이 쓴다. '헌신'이라는 표현은 그리 쉽게 쓰는 말이 아니다. '헌신'은 주님이 우리를 위해 살 찢고 피 흘리신 것이 '헌신'이다. 따라서 헌신이라는 말 대신 '섬김'이라는 표현이 적합하다. 섬긴다는 말은 다른 말로 '종, 머슴, 하인, 청지기'로 표현할 수 있다.

"인자가 온 것은 섬김을 받으려 함이 아니라 도리어 섬기려 하고 자기 목숨을 많은 사람의 대속물로 주려 함이니라"(막10:45)

'봉사'는 사회적 용어에 가깝기에 교회에서는 '충성'이라는 용어를 써야 한다고 이 책에서 설명하였다. 그래서 어느 교회에서는 헌신 봉사라는 표현 대신에 '직분자' 모두를 향하여 '충성자'라고 부르고 있다. 때문에 '충성자'는 '섬기는 종이 되어야 한다'고 주님이 가르쳐 주셨다.

섬기는 종이 되겠다고 하는 직분자(충성자)가 어떻게 교회의 재정으로 섬김을 받겠는가!!

"사람이 마땅히 우리를 그리스도의 일꾼이요 하나님의 비밀을 맡은 자로 여길지어다 그리고 맡은 자들에게 구할 것은 충성이니라"(고전4:1~2)

"~ 네가 죽도록 충성하라 그리하면 생명의 면류관을 네게 주리라"(계2:10)

노회나 총회도 마찬가지다. 노회나 총회의 재정은 거의 모두가 교단에 속한, 지 교회의 상회비나 분담금으로 이루어져 있다. 그 재정의 근원은 앞서 말한 것처럼 성도 한 사람 한 사람의 피와 땀의 대가로 얻어진 소득의 일부를 하나님의 것으로 구별하여 드려진 헌금이다.

(수7:1)"이스라엘 자손들이 온전히 바친 물건으로 말미암아 범죄하였으니 이는 유다지파 세라의 증손 삽디의 손자 갈미의 아들 아간이 온전히 바친 물건을 가졌음이라 여호와께서 이스라엘 자손들에게 진노하시니라"

(삼상2:29-30)"너희는 어찌하여 내가 나의 처소에서 명한 나의 제물과 예물을 밟으며 네 아들들을 나보다 더 중히 여겨 내 백성 이스라엘의 드리는 가장 좋은 것으로 스스로 살지게 하느냐 그러므로 이스라엘의 하나님 나 여호와가 말하노라 내가 전에 네 집과 네 조상의 집이 내 앞에 영영히 행하리라 하였으나 이제 나 여호와가 말하노니 결단코 그렇게 아니하리라 나를 존중히 여기는 자를 내가 존중히 여기고 나를 멸시하는 자를 내가 경멸히 여기리라"

일부 교회나 노회, 총회의 재정 지출은 어떠한 항목으로 지출되고 있는지를 살펴보아야 한다.

거저 주라

만일, 교회나 노회, 총회의 일이라면서 경비를 지원받아 국내, 외 여행을 나가거나 교회재정을 청구해서 식사하고, 선물 나누고, 각종 회식, 국 내외 여행 등에 사용한다면 이를 과연, 하나님이 기뻐하실까를 생각해 보아야 한다.

2. 무분별한 재정 사용을 피하자

앞서 제시한 '아간 사건'이나 엘리 제사장 집안에 내려졌던 하나님의 진노의 교훈을 통해 잘 알고 있다. 유다는 재정을 맡아 그것을 훔쳐 밭을 사고 예수님을 팔아넘기는 등의 행위로 말미암아 끔찍한 최후를 맞이하게 되었다. 이처럼, 하나님 앞에 드려진 제물은 존중히 여겨, 두렵고 떨리는 마음으로 소중하게 관리되어 사용해야 한다.

엘리 제사장 집안에 내려진 진노의 교훈을 통해 각성해야 한다. 아들 둘이 한날한시에 세상을 떠나게 되고, 이어 엘리가 죽고, 며느리는 아들을 해산하면서 죽게 되는 불행 중에 이보다 더한 불행이 있으랴! 이처럼 성경은 하나님께 드려진 제물과 예물에 대하여 엄히 경고하며 교훈하고 있다.

(삼상2:29-31)"너희는 어찌하여 내가 내 처소에서 명령한 내제물과 예물

을 밟으며 네 아들들을 나보다 더 중히 여겨 내 백성 이스라엘이 드리는 가장 좋은 것으로 너희를 살지게 하느냐 ~중략~ 보라 내가 네 팔과 네 조상의 집 팔을 끊어 네 조상의 집에 노인이 하나도 없게 하는 날이 이를지라"

(삼상4:17-19)"소식을 전하는 자가 대답하여 이르되 이스라엘이 블레셋 사람들 앞에서 도망하였고 백성 중에는 큰 살육이 있었고 당신의 두 아들 홉니와 비느하스도 죽임을 당하였고 하나님의 궤는 빼앗겼나이다 하나님의 궤를 말할 때에 엘리가 자기 의자에서 뒤로 넘어져 문 곁에서 목이 부러져 죽었으니 나이가 많고 비대한 까닭이라 그가 이스라엘 사사가 된지 사십 년이었더라 그의 며느리인 비느하스의 아내가 임신 때에 해산 때가 가까웠더니 하나님의 궤를 빼앗긴 것과 그의 시아버지와 남편이 죽은 소식을 듣고 갑자기 아파서 몸을 구푸려 해산하고"

3. 하나님이 요구하시는 중심

교회의 재정 사용을 어떤 중심을 가지고 어디에 우선순위를 두고 사용하느냐를 스스로 진단해야 할 것이다. 한 영혼이라도 살릴 수만 있다면 그곳에 집중하여 우선하는 일이 진정한 가치와 의미 있는 교회 재정의 사용이라 할 것이다.

그리고 자신이 열심히 일하여 번 돈일지라도 이 돈은 내 돈이 아니라 하나님이 건강 주시고, 직장 주시고, 일터 주셔서 받은 소득이기 때문에 자신을 위해 쓰기보다는 굶주리고, 그늘지고, 소외된 이웃과 불신영혼을 위해 더 가치 있게 사용해야 한다. 내가 가진 전부를 내 것으로 생각하여 나 하나 구원받고, 내 한 가족 잘 먹고 잘사는 것에만 소비하고 만다면 과연 하나님이 기뻐하시는 소비지출의 모습이겠는가!

필자의 경험을 말한다는 것이 부끄럽고 죄송하지만, 필자는 지금까지 교회 직분을 받아 신앙 생활하는 동안 단돈 만 원짜리 한 장 교회 예산을 받아 써 본 기억이 없다. 식사비를 부서나 기관 이름으로 교회재정에서 지원받아 타온 것을 인지는 하였으나 어쩔 수 없이 참석해야만 하는 식사 모임에서는 먼저 빠져나와 그날 식사비를 지불했고, 교회재정을 받아와서 모이는 식사 모임은 다른 핑계의 이유를 들어 가능한 피했다. 그러나 어느 분이 섬기는 마음으로 직접 식사 접대를 한다고 하면 '사랑의 빚'을 지는 마음으로 기꺼이 식사 자리에 나간다.

내 것이 아까운 것처럼 하나님의 것은 그보다 몇 배 더 아끼고 소중하게 생각해야 한다.

진정 하나님 앞에서 어떤 중심을 가지고 그 직책을 맡아 일하기를 원하며, 성도들의 영혼이 담긴 소중한 헌금으로 이루어진 교회재정과 교회의 시설물을 아끼고 절약하며 양심에 따라 얼마나 신실한 마음으로 사용하고 있는가를 말하고 싶다.

　여기에는 자신의 희생이 먼저 실천되어야 한다. 자신은 희생하지 않으면서 상대방에게만 희생을 요구하는 것은 '어불성설'이다. 하나님은 우리의 중심을 먼저 보시고 계시기 때문이다. 우리는 우리 내면을 먼저 돌아보아야 한다. 주님과 바른 인격적 관계를 가지고 있는가를 항상 점검해야 한다. 먼저 내면을 깨끗이 하는 것이 순서이다. 그리하면 겉도 자연히 깨끗하게 되는 것이다.

　(마23:23-26) "화 있을진저 외식하는 서기관들과 바리새인들이여 너희가 박하와 회향과 근채의 십일조를 드리되 율법의 더 중한바 의와 인과 신은 버렸도다 그러나 이것도 행하고 저것도 버리지 말아야 할지니라 소경된 인도자여 하루살이는 걸러 내고 약대는 삼키는도다 화 있을진저 외식하는 서기관들과 바리새인들이여 잔과 대접의 겉은 깨끗이 하되 그 안에는 탐욕과 방탕으로 가득하게 하는도다 소경된 바리새인아 너는 먼저 안을 깨끗이 하라 그리하면 겉도 깨끗하리라"

4, 교회에서 사례를 받을 자격

교회에서 사례를 받을 자격을 말하려는 것은 교회의 '재정사용'과 연계된 사항이다.

사례를 받을 자격은 교회 규약에 따라 채용된 교역자와 직원에 한하여 책정된 사례비나 급료를 지급할 수 있다. 그 외에는 어떤 이유와 명목으로든 주어서도, 받아서도 안 된다. 유급 직원을 제외한 충성자에게는 대가의 돈을 주기보다는 따뜻한 격려의 말 한마디가 더 중요하다.

그런데 언제부턴가 지휘자, 반주자, 오케스트라..에게 사례를 주는 교회가 생겨나기 시작했다.

이것은 교회가 세속화되어가고 있음을 증명하고 있는 것이다. 사례를 주는 것 자체를 말하는 것은 아니다. 주거나 받지 않는 것이 바람직하나, 교회 형편상 타당한 이유가 분명하다고 판단된다면 절차를 밟아 교회의 재정규약을 정하여 줄 수도 있다고 생각한다.

하지만 그들에게 사례를 할 때는 봉사의 대가가 아닌, 필요에 의해서 교회의 유급 직원으로 정식 채용하여 직원의 자격으로 지급하는 것이 타당하다고 본다. 그러나 유급 직원으로 채용이 불가한 경우에는 지급하여서는 안 된다.

하나님께는 그 재능을 바쳐드리는 행위만 있을 뿐, 충성의 대가로는 주거나 받아서는 안 된다. '예배는 하나님께 드리는 것이고 내가 가진 최상의 가치를 하나님께 드리는 행위'이다.

그리고 교회는 자신의 유익을 위해 사업 터전으로 삼거나 이익을 창출하는 곳이 아니다. 하나님이 주신 직장과 사업장에서 열심히 일하여 얻은 소득과 재능을 가지고 교회와 이웃을 위해 힘써 바쳐드려야 하는 곳이 교회이다. 따라서 내가 섬기고 있는 교회에서 어떤 대가를 받아서도 안 되고 주어서도 안 된다. 대가를 주실 분은 오직 주님이시다. 그러므로 하나님이 하실 일을 교회가 해서는 안 된다고 말하고 싶다.

(롬12:1) "그러므로 형제들아 내가 하나님의 모든 자비하심으로 너희를 권하노니 너희 몸을 하나님이 기뻐하시는 거룩한 산제사로 드리라 이는 너희의 드릴 영적 예배니라"

〈찬송〉 "갈보리산 위에"

갈보리산 위에 십자가 섰으니 주가 고난을 당한 표라
험한 십자가를 내가 사랑함은 주가 보혈을 흘림이라

멸시 천대 받은 주의 십자가에 나의 마음이 끌리도다

귀한 어린양이 세상 죄를 지고 험한 십자가 지셨도다

험한 십자가에 주가 흘린 피를 믿는 맘으로 바라보니
나를 용서하고 내 죄 사하시려 주가 흘리신 보혈이라

주님 예비하신 나의 본향 집에 나를 부르실 그날에는
영광 중에 계신 우리 주와 함께 내가 죽도록 충성하리

〈후렴〉 최후 승리를 얻기까지 주의 십자가 사랑하리
        빛난 면류관 받기까지 험한 십자가 붙들겠네

신앙생활 속에서
진단해 보아야 할 것들

1. 구원은 완성형인가? 진행형인가?

이 질문에 관하여 여러 가지 이견이 있을 수 있다.

'행함을 다른 말로 표현하면 순종이고 순종을 다른 말로 표현하면 믿음이다.'

예수님은 순종으로 구원을 이루셨다. 예수님의 공생애는 온전히 말씀과 행동으로 이루어진 삶이셨다. '기도 또한 행함이라는 순종이다.' 예수님의 공생애는 기도로 시작하시고 기도로 마치셨다.

예수님의 첫 이적, '가나혼인잔치'에서도 순종으로 이루어졌다.

"항아리에 물을 채워라" 했더니 아귀까지 채웠다. "떠서 갖다 주어라" 했더니 발 씻는 허드레물이지만 맞아 죽을 각오로 갖다 주었다. 하지만, 그날 '가나혼인잔치'의 주인공은 바로 순종한 '물 떠온 하인들'이었다.

"~너희에게 무슨 말씀을 하시든지 그대로 하라 하니라"(요2:5)

"연회장은 물로된 포도주를 맛보고도 어디서 났는지 알지 못하되 물떠온 하인들은 알더라"(요2:9)

아브라함은 이삭을 바치는 순종의 행함으로 '믿음의 조상'이라고 불려지게 되었다. 순종(행함)이 없는 믿음은 죽은 믿음이기 때문에 우리의 삶에서 아무런 역사가 나타나지 않는 것이다.

(약2:17) "행함이 없는 믿음은 그 자체가 죽은 것이니라."

바울사도는 복음전파의 사명을 입술의 말로만이 아닌 목숨 걸고 행동으로 순종하여 구원을 이루었다. '기생 라합'은 목숨 걸고 정탐꾼을 숨겨 주는 행동하는 믿음으로 예수님의 족보에까지 오르게 되었다. 에스더는 '일사각오'의 정신으로 모두가 꿈꾸는 최고의 자리를 던져버리는 행동으로 민족을 살리는 역사가 나타났다.

'성벽이 무너지고 불타버렸다는 소식'을 들은 느헤미야는 '슬퍼하며 금식하며 기도'만 하고 있었던 것이 아니라 소식을 들은 즉시, 성벽을 재건하고자 하는 성령의 감동을 순종의 행동으로 나섰던 것이다. 그리고 '아닥사스다왕'의 재가를 얻어 치밀한 계획 아래 '산발랏과 도비야, 아라비아 사람 게셈'의 방해 공작을 물리치고 52일 만에 성벽 재건을 이루게 된 것이다.

어떤 사람이 실족하여 물에 빠져 허우적거리며 죽어가고 있는데 '살려 줄줄 믿습니다'하며 말만 하고 있거나, 구경하는 사람처럼 바라만 보고 있다면 무슨 소용이 있겠는가, 그런 상황 앞에서는 여러 가지 수

단과 방법을 동원하여 행동으로 나서서 일단, 물에서 건져 내야 하지 않겠는가!

이것이 진정, 순종하는 크리스천의 삶인 것이다.

목사, 장로, 권사, 집사가 중요한 것이 아니라 그 직분에 맞는 순종의 삶이 있느냐를 살펴보아야 한다. 믿는 자에게는 행함이라고 하는 과제가 항상 따라 다녀야 한다. 우리의 구원을 위해 예수님이 완성해 놓으셨고 심판을 끝장내 버리셨는데, 나의 구원을 이루기 위해서는 내가 해야 할 나의 몫이 있다.

오늘날 교회들이 구원의 문제를 은혜로만 접근하고 은혜로만 해석하여 '행함, 실천, 순종, 회개'라고 하는 전제적 믿음의 원칙을 놓치면 안 된다. 천국 백성이 된다는 것을 그리 쉽게 생각하거나 가볍게 여겨서는 안 된다는 말이다.

말씀 강단에서 '구원은 값없이 받은 은혜의 선물'이라고 말하는 것은 익숙해져 있는데 '믿음에는 회개가 따라야 하고 실천적 행함'이라는 전제가 있어야 함을 자신 있게 선포해야 한다.

구원은 인심 쓰듯 이뤄지는 것이 아니다. 인심 쓰시는 하나님이 아니시고, 철저하게 계산하시고 물으신다. 마:25장 '달란트 비유'에서도 알 수 있듯이 5, 2, 1달란트를 맡기시고 분명히 나타나셔서 물으시고 계산하셨다.

이처럼 우리에게도 주님께서 결산하시러 오실 때가 반드시 있다. 그 중에는 '주인의 즐거움에 참여할 자'가 있고, '바깥 어두운 데로 내쫓겨 슬피 울며 이를 갈게 될 사람'이 있게 되는 것이다.

'구원을 선물로 받았으니 교회만 착실하게 출석하면 저절로 구원 얻게 되는 것'으로 생각하고 있다면 실로 위험한 생각이다. '믿음생활을 왜 이리도 복잡하게 하여 인생을 힘들게 하느냐'고 말하는 사람이 있다.

그런데 알고 보면 신앙생활처럼 쉬운 것이 없다. 그것은 성경에 답을 주셨고, 길을 자세하게 안내해 주셨기 때문이다.

어느 날, 대구에 있는 '팔공산'을 지인들과 함께 올라 가본 적이 있다.

일행 중 일부는 산 중턱에서 포기한 사람도 있다. 나도 힘들었지만 호기심으로 끝까지 올라가 봤다. 어느 지점은 거의 90도의 경사진 곳도 있다. 계단이 몇 개인지는 모르겠다. 끝이 보이지 않을 정도로 이어진다. 그런데 불자들은 '공양미' 10kg, 20k, 어떤 이는 40k의 쌀을 메고 올라간다고 한다. 그것도 하루에 몇 번씩 올라가는 경우도 있다고 한다. 여하튼 끝까지 올라가 보았다. 그런데 정상에 올라가 보니 꽤나 넓은 마당 바닥에 수많은 사람들이 엎드려 절을 하고 있는 것이 아닌가! 그리고 접수처에 봉투를 담고 소원성취 글을 올려 차례로 호명을 하면 앞사람과 같이 무릎 꿇고 108배를 하는 거란다. 대기자 수가 그 넓은 바닥에 깔판 위에서 절을 하는 사람보다 많은 것 같다. 수능 입시 철이면 이보다 더 발 디딜 틈도 없이 많이 올라온다고 한다.

사람이 조각해 놓은 생명이 없는 불상 앞에 소원성취를 빌기 위해 이러한 고행을 치르고 있는 저들이 불쌍해 보였다.

난 그 모습을 보고 생각해 보았다.

먼저는 '이러한 노력과 고행의 숭배 행위는 죽는다 해도 나는 못할 것이다.'
또 하나는 '우리가 믿는 하나님은 이러한 고행을 원하시는 하나님이 아니시라는 것'에 감사했다. 어떠한 노력도, 수고도, 고행도 요구하지 않으시고 그저 우리는 아무것도 할 수 없으니 주님 안에 붙어있기만 하면 열매도 친히 맺게 해주시는 하나님을 알게 하신 것에 감사할 따름이다.

말씀에 답이 있기 때문에 말씀대로 살기만 하면 된다. 이것이 우리에게 주신 법이다. 법은 지키기 위해 있는 것이고 천국은 법대로 살아

거저 주라

야 가는 곳이다. 예수님도 "죄 값은 사망"이라는 절대적인 법 앞에 그 법대로 인류의 죄를 짊어지시고 죽으셨다. 법대로 살지 않는 것은 그 법을 지키기 싫고 내 마음대로 살고 싶어서일 것이다.

(요15:4-5)"내 안에 거하라 나도 너희 안에 거하리라 가지가 포도나무에 붙어 있지 아니하면 스스로 열매를 맺을 수 없음 같이 너희도 내 안에 있지 아니하면 그러하리라 나는 포도나무요 너희는 가지라 그가 내 안에 내가 그 안에 있으면 이 사람은 열매를 많이 맺나니 나를 떠나서는 너희가 아무 것도 할 수 없음이라"

우리는 '예수님을 믿는다고 말은 잘하는데 예수님의 말씀은 신뢰하지 않고 있다는 것이다.' '하나님 아버지! 라고 부르기는 잘하는데 정작 하나님 말씀에는 순종하지 않는다.' '주여! 주여! 하면서도 그 주님을 전적으로 신뢰하지 않는다면 어불성설이다.

그렇다면 과연 구원은 완성형인가? 진행형인가!

(빌2:12)"그러므로 나의 사랑하는 자들아 항상 복종하여 두렵고 떨림으로 너희 구원을 이루라"

(마10:22)"너희가 내 이름으로 말미암아 모든 사람에게 미움을 받을 것이나 끝까지 견디는 자는 구원을 얻으리라"

말씀에 답이 있다. 말할 것도 없이 '구원은 완성형이 아니라 현재진행형'인 것이다.

구원을 너무 가볍게 생각하거나 잘못 이해하여서는 안 된다. 교회만 다닌다는 것, 종교생활만 하는 것은 구원과는 아무런 상관이 없는 별개의 문제이다. 신앙생활에는 '적당히, 대충'이라는 것은 존재할 수 없고 구원의 문제만큼은 목숨을 걸어야 한다. 따라서 나의 구원은 지금도 진행되어 있어야 하고 우는 사자와 같이 영혼을 삼키려 덤벼드는 원수 마귀, 더러운 귀신의 미혹에 속지 말고 끝까지 인내하며 마지막까지 반드시 지켜 내야만 하는 나 자신의 몫이다.

최후 승리를 얻을 때까지 말이다.

(마24:13)"그러나 끝까지 견디는 자는 구원을 얻으리라"

(눅21:19)"너희의 인내로 너희 영혼을 얻으리라"

〈찬송〉 **"갈보리산 위에"**

갈보리산 위에 십자가 섰으니 주가 고난을 당한 표라
험한 십자가를 내가 사랑함은 주가 보혈을 흘림이라

멸시 천대 받은 주의 십자가에 나의 마음이 끌리도다
귀한 어린양이 세상 죄를 지고 험한 십자가 지셨도다

험한 십자가에 주가 흘린 피를 믿는 맘으로 바라보니
나를 용서하고 내 죄 사하시려 주가 흘리신 보혈이라

주님 예비하신 나의 본향 집에 나를 부르실 그날에는
영광 중에 계신 우리 주와 함께 내가 죽도록 충성하리

〈후렴〉 최후 승리를 얻기까지 주의 십자가 사랑하리
　　　 빛난 면류관 받기까지 험한 십자가 붙들겠네

2. '회개하라'가 제일 듣기 좋은 소리이어야 한다

'침례요한'은 예수님을 증명하기 위하여 예수님보다 6개월 먼저 이 세상에 나왔는데 그가 맨 처음 외친 소리가 (마3:2)"회개하라 천국이 기까이 왔느니라"였다.

'침례요한'은 헤롯왕 때에 제사장 사가랴와 그의 아내 엘리사벳 사이에서 탄생하였다. 이들은 하나님 앞에 흠이 없는 자들이었으나 자녀가 없이 늙어 자녀를 볼 소망이 없는 자들이었다. 천사는 그 아이가 많은 백성을 주께로 돌아오게 할 것이며 주님을 맞을 준비를 하게 될 것이라고 말한다.

출생 전에 이름(구약: 이삭, 이스마엘 신약: 예수님, 침례요한)도 미리 지어졌다.

예수님의 첫 음성도 "회개하라" 이다.

(마4:17) "이때부터 예수께서 비로소 전파하여 이르시되 회개하라 천국이 가까이 왔느니라 하시더라."

또한, 소아시아 7개 교회(서머나, 빌라델비아교회 제외)를 향해 한결같이 (계2장~3장) "회개하라, 회개하라"였다.

그리고 '갈릴리 사람들이 해 받은 것과 실로암 망대가 무너져 18명이 죽은 죽음에 대하여 예수님의 제자들이 질문하였을 때 이렇게 말씀하셨다.

(눅13:1-5) "너희에게 이르노니 저들이 너희보다 죄가 더 있는 줄 아느냐 아니라 너희도 만일 회개하지 아니하면 다 이와 같이 망하리라"

거저 주라

죄의 삯은 사망이기 때문에 살기 위해서는 반드시 회개해야 한다.

(시7:12) "사람이 회개하지 아니하면 그가 그의 칼을 가심이여 그의 활을 이미 당기어 예비하셨도다."

하나님의 관심은 우리의 죄에 관심보다는 회개의 여부에 관심을 가지고 계신다. 칼을 갈고 계시고 화살을 시위에 장전하여 당기고 계시지만 중심에는 회개하기를 간절히 바라고 계시는 것이다. 그래서 칼과 활이 필요 없게 되길 원하신다.

하지만 기회를 주시고 경고를 하셨음에도 불구하고 완악하고 강퍅하여 끝까지 회개하지 않을 때에는 하나님의 손에서 화살이 떠날 수밖에 없다. 날카로운 칼을 든 심판의 손이 번쩍 들릴 수밖에 없다. 때문에 죽임을 당하기 전에 철저한 회개가 있어야 한다. 회개하면 천국 문이 열리고 죄악으로 패망하지 않게 막아주시는 것이다.

죄란? '과녁에서 빗나갔다, 이탈했다, 하나님의 목적에서 벗어났다.'의 의미이다.

회개란? '하나님의 목적에서 벗어났음을 인식하여 철저히 잘못을 뉘우치고 죄악으로부터 벗어나 하나님의 목적 안으로 돌아오는 것'을 말한다. 말씀에 불순종한 삶에서 순종하는 삶으로, 예수그리스도를 믿지 않는 삶에서 믿는 삶으로 그 방향을 100% 전환하는 것이다.

교회 강단에서는 날마다 '회개'를 부르짖어야 한다. '복 받으세요!' 라는 말 대신, '회개하세요!'가 먼저 흘러나와야 한다. 마귀가 제일 두려워하고 무서워하는 소리가 회개하라 이다. 회개는 예수 보혈의 피 앞에 죄의 보따리를 내놓고 예수 이름 앞에 회개하는 것이기 때문에 마귀는 벌벌 떨게 되어있는 것이다. 지금까지 잘 속여서 지옥 데려가려했는데 회개하여 천국가게 되어버렸으니 마귀는 얼마나 분통이 터지겠느냐 그 말이다.

성경에서의 복은 세상이 말하는 복이 아니다. '예수 믿으면 복 받는다, 잘 된다, 잘 풀린다' 이런 귀절은 성경 어디에도 없다. 오히려,

"고난당한 것이 네게 유익이다, 환난을 받는다, 핍박을 받는다, 환난을 받으나 담대하라, 환난은 소망을 이룬다, 의에 주리고 목말라라, 참아라. 견뎌라" 온통 이런 말씀이다.

핍박을 받지 않는 그리스도인은 진정한 그리스도인이라고 말할 수 없다. 예수님은 말할 수 없는 고난과 핍박을 통해서 하나님 보좌 우편에 앉는 영광을 얻게 된 것이다.

(요16:33b) "~세상에서는 너희가 환난을 당하나 담대하라 내가 세상을 이

126

기었노라"

(히12:2b) "~그는 그 앞에 있는 십자가를 참으사 부끄러움을 개의치 아니하시더니 하나님 보좌 우편에 앉으셨느니라"

강단에서 설교 말씀 중에 제일 듣기 좋은 소리, 기쁘게 받아드려야 할 소리가 '회개하라' 이어야 한다. 회개는 망하지 않고 살 수 있는 길이 되기 때문이다. 한마디로 '지옥 가지 말고 천국 가라'는 영혼 사랑의 간절한 외침이다.

철저한 회개만이 살길이다. '철저한 회개'란, 스스로 범한 모든 죄를 '낱낱이 회개하는 것'을 말한다. '두루뭉술'한 회개는 회개가 아니다. 앞서 제시한,

"누구든지 온 율법을 지키다가 그 하나를 범하면 모두 범한 자가 되나니"(약2;10)

예를 들어 100가지 중 1가지를 어기면 모두 범한 것이 되는 것처럼, 100가지 죄악 중 1가지를 제외하고 회개하였다면 온전한 회개를 했다고 할 수 없게 되는 것이다. 죄는 회개 없이 저절로 소멸되지 않는다.

집안의 먼지도 그때그때 닦아내지 않으면 묵은 때로 남아 쌓이게 되

고 쌓인 먼지로 인해 그 집은 폐가로 살 수 없게 된다. 냉장고 안의 부패한 음식 하나가 냉장고 안을 온통 악취로 가득하게 한다. 몸 안에 자리 잡은 작은 종양 하나를 방치하면 몸 안에 있는 장기 전체를 망가트리게 되어 결국 죽게 될 수도 있다.

마찬가지로 죄를 회개하지 않고 그대로 방치하면 죄가 무디어져 죄를 죄로 여기지 않게 되고 그 죄로 인하여 영혼을 망하게 만든다. 죄는 원수 마귀가 가져다주기 때문이다.

때로는 자신의 죄를 변명하고 합당한 이유를 붙여 정당화해보려 하지만 아무리 죄를 합리화시켜 변명하려 해도 죄는 죄인 것이고 그 죄는 남아 있게 된다. 때문에 날마다 회개를 통하여 자신의 죄를 십자가 보혈의 피로 씻어내야 한다. '자범죄'는 절대 자동 소멸되지 않기 때문이다.

(행3:19-20) "그러므로 너희가 회개하고 돌이켜 너희 죄 없이 함을 받으라 이같이 하면 새롭게 되는 날이 주 앞으로부터 이를 것이요 또 주께서 너희를 위하여 그리스도 곧 예수를 보내시리니"

또한, '침례요한'과 예수님 그리고 제자들이 외치신 회개는

거저 주라

'믿음을 수정하라!', '믿음에 대하여 잘못 생각하고, 오해하고 있는 것에서 돌이켜라!'

'내가 살려 줄 테니 네 죄 보따리를 예수 십자가 보혈의 피 앞에 내려놓고 낱낱이 회개하여 죄 사함을 받으라!' 그 말이다.

다시 말해서 '자신이 잘못 알고 있는 믿음관, 구원관, 천국관, 신앙관을 새롭게 정립하라'는 것이고 다시는 그 죄를 짓지 않는 것이 진정한 회개이다.

(마22:29) "예수께서 대답하여 이르시되 너희가 성경도, 하나님의 능력도 알지 못하는 고로 오해 하였도다"

(막7:7) "사람의 계명으로 교훈을 삼아 가르치니 나를 헛되이 경배 하는도다 하였느니라"

(요8:11) "나도 너를 정죄하지 아니하노니 가서 다시는 죄를 범하지 말라"

회개는 원수(사탄, 마귀, 귀신)를 제외한 모든 인류에게 공통으로 주어졌다. 죄의 값은 경중 없이 사망이기 때문에 죄를 해결하여 살려주시기 위해 회개의 기회를 주신 것이다. 이것이 은혜이다.

그리고 회개에 합당한 열매를 맺게 하신다.

(눅3:7-9) "요한이 침례 받으러 나아오는 무리에게 이르되 독사의 자식들아 누가 너희에게 일러 장차 올 진노를 피하라 하더냐 그러므로 회개에 합당한 열매를 맺고 속으로 아브라함이 우리 조상이라 말하지 말라 내가 너희에게 이르노니 하나님이 능히 이 돌들로도 아브라함의 자손이 되게 하시리라 이미 도끼가 나무뿌리에 놓였으니 좋은 열매 맺지 아니하는 나무마다 찍혀 불에 던져지리라."

"독사의 자식들아"고 외쳤다.

독사는 뱀을 말하는 것으로 영적으로는 어둠 즉, 사단을 의미한다. 그리고 그들에게 장차 올 진노를 피하라고 누가 말하더냐고 외치는 것이다. 장차 올 진노는 예수님으로 인하여 천국 백성과 지옥 백성으로 나뉘는 것을 상징한다.

그렇다면 우리는 왜! '침례요한'이 회개의 침례를 받으러 오는 이들에게 사탄의 자식들이라고 쏘아붙이듯 말하게 되었는가를 알아야 한다. 마음속으로 "아브라함이 우리 조상이라고 말하지 말라" 즉 자신에게 나아오는 자 중에 많은 사람은 자신들은 하나님의 택한 백성이요 아브라함의 후손들로서 천국의 주인이라는 생각을 가지고 나아온다는 것이다.

그런데 그들은 진정 그들의 삶이 하나님 보시기에 잘못되었다거나 뉘우치는 것이 아니라 군중 심리와 호기심에 의하여 사람들이 요단강으로 몰려가니 우리도 한번 가보자며 오는 자들이다.

우리 그리스도인에게는 주님께 오직 '충성'만 있을 뿐이다. 따라서 '헌신자, 봉사자' 의 '직분자'를 '충성자'로 표현하여 부르는 것이 마땅하다.

(계2:10b) "네가 죽도록 충성하라 그리하면 생명의 면류관을 네게 주리라"

(고전4:2) "맡은 자들에게 구할 것은 충성이니라"

(마25:21) "착하고 충성된 종아 네가 적은 일에 충성하였으매 내가 많은 것을 네게 맡기리니 네 주인의 즐거움에 참여할 지어다"

더불어 '회개에 합당한 열매를 맺으라'고 그들을 향해 안타까워하면서 외치게 된 것이다.

그럼 회개에 합당한 열매는 과연 무엇을 말하는 걸까?

자신이 말씀으로 인하여 찔림을 받았다면 그에 걸맞는 삶의 변화가 있어야 하고 내가 들은 말씀으로 인하여 뉘우쳤다면 그에 상응하는 삶이 수반되어야 한다는 말이다.

그것이 바로 '감화와 감동이 있는 삶'인 것이다.

죄 많은 세리장 '삭개오'는 구원받기 위해 행동한 것이 아니라 구원받은 은혜에 감화하여 즉시 실천으로 행동한 것이다. 이것이 진정 구원받은 자의 모습이라 말할 수 있다.

(눅19:8) "삭개오가 서서 주께 여짜오되 주여 보시옵소서 내 소유의 절반을 가난한 자들에게 주겠사오며 만일 누구의 것을 속여 빼앗은 일이 있으면 네 갑절이나 갚겠나이다."

〈찬송〉 **"주 예수의 강림이"**

주예수의 강림이 가까우니 저천국을 얻을자 회개하라
주성령도 너희를 부르시고 뭇천사도 나와서 영접하네

주예수님 너희를 찾으시니 왜의혹을 하면서 오지않나
온세상죄 담당한 어린양은 죄많은자 불러서 구원하네

이세상이 즐기는 재물로는 네근심과 고초를 못면하리

또숨질때 위로를 못얻으며 저천국에 갈길도 못찾으리

내아버지 주시는 생명양식 다배불리 먹고서 영생하라
곧의심을 버리고 주께오면 그한없는 자비를 힘입으리

3. 자살하면 안 된다

안타깝게도 우리나라는 자살률 세계 1위라는 불명예의 기록을 갖고 있음을 모르는 사람이 없다. 그중에는 이 세상의 삶에 힘들고 지쳐 있거나 자신의 과오로 인해 자신의 죄가 세상에 알려지는 것이 두려워 죽음으로 끝을 내겠다고 자살을 선택하는 경우가 대부분일 것이다.

하지만 그것이 끝이 아니라 그보다도 수천, 수억만 배 이상 더 무서운 세계가 기다리고 있다는 절대적 사실인 것이다. 하나님이 주관하시는 소중한 생명을 포기하고 자살하면 회개할 기회를 잃어버리기 때문에 구원에서는 멀어진다고 말할 수밖에 없다.

이것은 하나님이 하실 일을 스스로 선택하여 하나님의 절대 주권에 도전하는 무서운 죄악인 것이기 때문이다.

제자 '가룟유다'도 여러 차례의 회개할 기회가 있었지만 그 기회를 놓치고 스스로 죽음을 선택해 버렸다. 유다는 예수님을 팔아넘기기 전에도 돈궤를 맡고 있으면서 돈을 훔친 전적이 있었다. 이것은 '가룟유다'의 생각이 마귀에게 정복당하여 돈에 눈이 멀어 있었기 때문이다.

유다에게 회개의 기회는 여러 차례 있었지만 안타깝게도 유다는 돈과 구원을 맞바꿔 버린 선택을 하게 되었다. 이는 예수님에게 속해 있던 자가 사탄의 유혹으로 마귀에게 속한 자로 전락해버린 것이다.

(마26:21b) "너희 중에 한 사람이 나를 팔리라 하시니"

(마26:23b) "나와 함께 그릇에 손을 넣는 그가 나를 팔리라"

(요12:6) "그가 이렇게 말한 것은 그가 가난한 자들을 염려하기 때문이 아니요 그는 도둑이라 돈궤를 맡고 거기 넣는 것을 훔쳐 감이러라"

(막14:21) "인자는 자기에 대하여 기록된 대로 가거니와 인자를 파는 그 사람에게는 화가 있으리로다 그 사람은 차라리 나지 아니하였더라면 제게 좋을 뻔하였느니라 하시니라"

(요6:70) "내가 너희 열둘을 택하지 아니하였느냐 그러나 너희 중의 한 사람은 마귀니라"

(요13:2) 마귀가 벌써 시몬의 아들 가룟 유다의 마음에 예수를 팔려는 생각을 넣었더라"

이 책을 읽는 독자 여러분 모두에게 간절히 바라는 것은 이 세상의 삶이 아무리 힘든다 할지라도 자살만은 절대 하지 마시라고 말하고 싶다. 자살은 귀신이 사람에게 생각을 집어넣어 지옥 데려가려는 사탄의 신속 정확한 최대전략(저비용 최대효과)인 것이기 때문에 '자살충동'을 주는 마귀의 유혹을 과감히 물리쳐야 한다.

마귀는 한 사람을 지옥 보내기 위해 많게는 군대와 같은 이천이나 되는 귀신을 심어놓는 투자를 한다. 그런데 스스로 자살해 버렸으니 마귀에게는 이보다 더 통쾌할 수 없다. 한방에 해결이 되어버린 것이다.

(막5:13) "더러운 귀신들이 나와서 돼지에게로 들어가매 거의 이천 마리 되는 떼가 바다를 향하여 비탈길로 내리달아 바다에서 몰사하거늘"

그리고 마귀는 자살 전에 '우울'이라는 처방을 준다. 그 처방을 절대 받아들이지 말아야 한다. 우울증에서 탈출하는 가장 좋은 방법은 '감사'이다.

(살전5:18) "범사에 감사하라 이것이 그리스도 예수 안에서 너희를 향하신 하나님의 뜻이니라"

(빌4:6-7) "아무 것도 염려하지 말고 오직 모든 일에 기도와 간구로, 너희 구할 것을 감사함으로 하나님께 아뢰라 그리하면 모든 지각에 뛰어난 하나님

의 평강이 그리스도 예수 안에서 너희 마음과 생각을 지키시리라"

'자살'을 바꿔 생각하면 '살자'로 바꿔진다. 자살할 용기가 있는 사람이면 세상사 못해낼 것이 없다. 절대, 순간의 선택으로 천하보다 귀한 소중한 생명을 버리는 어리석은 인생이 되어서는 안 된다.

4. 절대 지옥은 가지 말자

흔히, "천국과 지옥이 어디 있느냐!"고 말하는 세상 사람들도 악담을 할 때면, "지옥에나 떨어져 버려라"고 말한다. 이는 지옥은 반드시 있다는 증거이기도 하다. 지옥이 있기 때문에 당연히 천국도 있는 것이다. 그런데 천국은 말하기 쉬운데 지옥을 말하기는 어렵다. 그만큼 지옥은 무서운 곳이기 때문이다. 죽는 순간 천국과 지옥은 누구에게나 선택당해져 버린다.

"한번 죽는 것은 사람에게 정해진 것이요 그 후에는 심판이 있으리니"(히 9:27)

김상호 장로님이 쓰신 〈깡통을 차고 빌어 먹어도 지옥만은 가지 마라〉의 책이 있다. 이 책에서 말하기를, 장로님은 '산신'을 섬기다 교회의 전도를 받고 예수님을 믿게 되었다. 그런데 가족 중 다섯 명이 무당이었던 그는 예수님을 믿은 후 1년 동안 무려 여섯 명의 자녀를 잃게되었다. 아들의 죽음 앞에 통곡하다가 기절을 하고 말았다. 기절했던그는 우연히 음부와 하늘나라의 세계를 보게 되었다고 한다. 지옥의 모습이 너무 무서워 지옥에는 가지 않기 위해 예수님을 믿지 않을 수가없게 되었다고 한다.

"만일 네 눈이 너를 범죄하게 하거든 빼버리라 한 눈으로 하나님의 나라에들어가는 것이 두 눈을 가지고 지옥에 던져지는 것보다 나으니라 거기에서는구더기도 죽지 않고 불도 꺼지지 아니하느니라 사람마다 불로써 소금치듯 함을 받으리라(막9:47~49)

장의사들의 경험담을 들어본 기억이 있다.

이는 어찌 보면 성경적일 수도 있다고 생각한다.

천국에 간 사람과 지옥에 간 사람을 장의사들은 단번에 구별할 수있다고 말한다. 천국에 간 시체는 부드럽고 눈이 감겨 있으며 얼굴은평안하고 환한 미소를 머금고 있다고 한다. 반면에 지옥에 간 시체는뻣뻣하고 눈이 떠져 있으며 악을 쓰다 간 흔적을 느낄 수 있다고 한다.

그리고 천국에 간 시체는 부드러워 다루기가 쉬운데 지옥에 간 시체는 뻣뻣하여 염하기가 어려워 손과 발을 꺾어야 한다고 말한다. 예수님의 시체도 뼈를 꺾지 않으셨다.

"의인은 고난이 많으나 여호와께서 그의 모든 고난에서 건지시는도다 그의 모든 뼈를 보호하심이여 그 중에서 하나도 꺾이지 아니하도다"(시34:19~20)

"예수께 이르러서는 이미 죽으신 것을 보고 다리를 꺾지 아니하고"(요 19:33)

죽음 직전에 천국의 천사가 데리러 오는 사람과 지옥의 저승사자 마귀가 데리러 온 사람의 구분을 시체를 보고서도 알 수 있다고 염하는 장의사들은 이구동성으로 증언한다.

때문에, 믿지 않았던 장의사 대부분은 예수님을 믿게 된다고 말한다.

이처럼, 천국 가는 길이 얼마나 좋으면 세상의 무거운 짐 내려놓고 천사의 시중을 받으며 기쁨 가운데 가겠는가!! 하지만, 지옥 가는 길이 얼마나 무서우면 지옥의 저승사자에 끌려가지 않으려고 몸부림을 치겠느냐 말이다. 이것은 장례를 통하여 생계를 이어가는 장의사들의 경험을 말하는 것이지만 성경적으로도 일리가 있다고 생각한다.

거저 주라

우리의 육신은 영이 지배한다. 영이 떠나면 육신의 호흡이 멈춰지고 육신의 장막도 자연스레 벗어지게 된다. 하나님의 영의 지배를 받는 사람과 마귀의 영에 지배를 받는 사람과의 차이는 이루다 설명할 수 없다.

이 책을 읽는 독자 모두가 하나님의 영의 지배를 받아 영원한 천국에서 주님과 함께 거하기를 축복한다.

"예수께서 이르시되 나는 부활이요 생명이니 나를 믿는 자는 죽어도 살겠고 무릇 살아서 나를 믿는 자는 영원히 죽지 아니하리니 이것을 네가 믿느냐"(요11:25~26)

〈찬송〉 **"나 주를 멀리 떠났다"**

나 주를 멀리 떠났다 이제 옵니다
나 죄의 길에 시달려 주여 옵니다

그 귀한 세월 보내고 이제 옵니다
나 뉘우 치는 눈물로 주여 옵니다

나 죄에 매여 고달파 이제 옵니다

주 크신 사랑 받고자 주여 옵니다

이 병든 맘을 고치려 이제 옵니다
큰 힘과 소망 바라고 주여 옵니다

나 바랄 것이 무언가 우리 주 예수
날 위해 돌아가심만 믿고 옵니다

〈후렴〉 나 이제 왔으니 내 집을 찾아 주여 나를 받으사 맞아 주소서

5. 믿음의 상태를 항상 점검하자

요즘에도 신년 초만 되면 무당, 점쟁이에게 찾아가는 크리스천들이 많이 있다는 것은 어제 오늘의 이야기가 아니다.

한 때, 메스컴을 통해 세상을 떠들썩하게 만들었고, 권력자들을 주물럭거렸던 모 기업 대표가 무당, 점쟁이를 주기적으로 찾아가 거액의 점괘를 들고 찾아다닌 사람이 모 교회 장로였다는 사실은 누구나 아는 바이다.

오늘날 교회 성도들의 모습, 교회 안에서 벌어지는 혼합주의의 사건들이 이루 헤아릴 수 없이 많다. 교회 안에 인본주위, 이기주의, 세속주의, 혼합주의, 종교다원주의가 깊이 자리 잡고 있다. 교회 안에 있는 미신의 전통을 타파해 내야 한다. 교회 안팎의 무속신앙, 유교, 불교, 가톨릭 사상이 진정한 그리스도인의 삶을 방해하고 있는 것이다.

각종 전통, 장례, 명절, 잔치문화 속에 각종 혼합주의가 만연하고 있다.

교회 공동체가 그저, 문제 해결이나 소원 성취, 친목의 장소 정도로 알고 무언가를 얻으려고 나오는 교인들! 문제 해결이나 소원을 담아 년초에 기도 제목을 써내고, 행운을 바라듯 성경구절을 뽑고, 좋은 성경구절이 나오면 만족해하고, 맘에 안 들면 다시 뽑고,.

성경 말씀은 영맥, 문맥, 사맥이 있어 "복 받는다, 잘 된다, 번성 한다, 형통한다" 등등의 말씀이 나오기까지는 영맥, 문맥, 사맥을 잘 살펴서 어떠한 삶을 살아야 그렇게 되는가를 먼저 생각해야 한다.

성경은 이러한 오류를 범하지 않게 하기 위하여 여러 곳에서 말씀하고 있다. 가령,

"무엇이든지 원하는 대로 구하라 그리하면 이루리라"의 말씀만 생각하고

141

6장·신앙생활 속에서 진단해 보아야 할 것들

그 앞에 강조하고 있는 전제적 말씀인 '그리하면'은 빼어 버린 채 '무엇이든지 구하면 주신다'고 했으니 막연하게 구하는 기도를 한다면 주시겠는가! 말이다.

이밖에도 구하는 것에는 항상 너희는 먼저 "그의 나라와 그의 의"가 '우선순위'라고 말씀하셨고, 구하는 자는 먼저 "주님 안에 거하라", "아무것도 염려하지 말고 구해라", "감사함으로 아뢰라"..
~ '그리하면'을 말씀하고 계신다.

"너희가 내 안에 거하고 내 말이 너희 안에 거하면 무엇이든지 원하는 대로 구하라 그리하면 이루리라"(요15:7)

"그런즉 너희는 먼저 그의 나라와 그의 의를 구하라 그리하면 이 모든 것을 너희에게 더하시리라"(마 6:33)

"아무것도 염려하지 말고 다만 모든 일에 기도와 간구로, 너희 구할 것을 감사함으로 하나님께 아뢰라 그리하면 모든 지각에 뛰어난 하나님의 평강이 그리스도 예수 안에서 너희 마음과 생각을 지키시리라 (빌4:6~7)"

또한, 그 말씀을 붙잡고 순종하여 실천하는 것에 힘쓰지 않고, 뽑은 달콤한 구절을 마치 행운을 바라듯 부적처럼 가지고만 다닌다면 무당이 그려준 부적이나 다를 바 없다.

무슨 문제가 생기면 정작, 본인은 기도하지 않으면서 목사에게 찾아가 기도해 달라고 부탁하고, 목사는 마치 문제 해결사 인양 또 무슨 일이 있으면 안수해 줄게 다시 찾아오라고 하는 이런 모든 것들이, 무당들이 권장하는 것과 뭐가 다를 것이 있겠는가! 말이다.

무당에게 '치성드린다'고 한다. 소원을 이루기 위하거나 집안에 무슨 일이 있을 때 무당에게 쌀 한말 들고 찾아가 굿을 한다. 이렇게 굿을 해도 해결이 안 되어, 왜 해결이 안 되냐고 말하면 무당은 뭐라 말하는가, '정성이 부족해서 그래 정성이!' 그 말은 쌀 한 말 가지고는 안 되니 한 가마 정도는 가져와서 좀 더 나은 상급의 굿을 해야 한다는 말이다.

당연히 한 가마를 가져가도 해결될 리가 없다. 또 찾아가면 더 큰 굿을 해야 한다, 일명 '작두무당'을 데려와야 한다는 등 이런 식으로 무당의 말에 따라가다가 '패가망신'하게 되는 것을 그동안 수없이 듣고 보게 되었다.

이것이 요즘 종교인들의 모습과 다를 바 뭐 있겠는가! 말이다. 이러한 종교인들을 향해 주님은,

(마13:49) "세상 끝에도 이러하리라 천사들이 와서 의인 중에서 악인을 갈라내어 풀무 불에 던져 넣으리니 거기서 울며 이를 갈리라"

'알곡과 가라지 양과 염소'를 갈라내신다고 말씀하셨다. 이는 의인 중에서, 성도 중에서, 교회 밖이 아닌 교회 안에 있는 사람 중에서 갈라 내신다는 말씀이다.

이처럼, 오늘날 교회 안에도 '염소, 가라지, 쭉정이'들이 있다는 말이다.

신앙인의 가장 중요한 체크 포인트는 지금 자신의 모습이 세상이 아닌 주님만을 바라보고 있는 모습인지, 그리고 나 자신이 예수님을 믿는 믿음 안에 있는지를 돌아보고 확증해 볼 수 있어야 한다. 또한, 나 자신의 믿음의 상태를 스스로 점검할 수 없는 상태라면 자신이 구원받은 자라고 장담할 수 없을 것이다. 말씀 안에 곧 답이 있다.

"너희는 믿음 안에 있는가 너희 자신을 시험하고 너희 자신을 확증하라 예수그리스도께서 너희 안에 계신 줄을 너희가 스스로 알지 못하느냐 그렇지 않으면 너희는 버림받은 자니라"(고후 13:5)

6. 자신의 기도 제목은 자신이 해야 할 몫

흔히, 기도 제목들을 나누곤 한다. 기도 제목들을 보면 내 직장, 사업, 내 식구, 내 아들, 딸, 사위, 며느리, 조카, 손주.. 잘 되게 해 달라고 하는 세속적이고 정욕적인 것들이 대부분이다.

심지어는 자기 집에서 키우는 강아지의 건강과 순산을 위해 기도해 달라고 하는 어처구니없는 기도 제목도 있다고 한다. 이 모든 것이 이방인들이 구하는 것과 다를 게 뭐 있겠는가!

요즘 모 방송에서 인기를 얻고 있는 어느 목사님이 고백하기를,

"그동안 기도 부탁하러 오는 수많은 신도가 찾아와 기도 부탁해서 기도를 해 드려 봤지만, 전혀 응답도 없고 변화가 없었다는 것을 알고 그 뒤부터는 기도 부탁을 해도 안 해 준다."고 말이다. 이것이 솔직한 고백이다. 기도 부탁하러 온 사람에게 성령이 없는 기도 몇 마디가 그 사람에게 무슨 능력의 역사가 나타나겠느냐 그 말이다.

기도 자체를 말하는 것은 아니다. 상대방을 위해 얼마든지 기도할 수 있고 마땅히 기도해야만 한다. 다만, 나의 가족이나 나에게 직면한 문제들은 내 자신이 기도해야 할 자신의 몫이지, 내 문제를 어디에 내

놓고 다른 사람에게 의지하여 기도를 부탁하는 것은 바른 신앙인의 모습이 아니라는 것이다.

정작, 하나님은 다른 사람의 기도를 원하고 계시는 것이 아니라, 당사자인 내 자신의 간절한 기도를 기다리고 계시는 것이다. 믿는 자에게 주시는 고난은 하나님이 그 사람을 위해 주시는 감춰진 축복의 비밀이 있기 때문이다.

혹자는 소위, '영발이 세다'는 개인이나 어느 기도 그룹에 기도를 부탁하는 사람도 있다. 어처구니없는 일이다.

기도 응답의 확률은 둘 중의 하나 즉, 5:5 이다. 이뤄질 수도 있고 이뤄지지 않을 수도 있다. 원하는 대로 이뤄졌으면 부탁한 개인이나 기도 그룹에서 기도하여 이뤄졌다고 말하고, 이뤄지지 않으면 이곳은 영발이 약하니 또 다른 기도 모임이나 개인을 찾아 부탁하는 사람도 있다. 그것은 하나님의 절대적 주권의 뜻에 따라 결정된 것뿐인데 말이다.

성경 어디에도 자신이 소원하는 기도 제목을 어느 곳에 공개하여 내놓고 기도 부탁하라고 말씀하시지 않으셨다.

오히려 고난이나 즐거움이 있을 때 자신의 것이니 본인, 당사자, 네가 기도하라고 말씀하시고 계시는 것이다.

(약5:13) "너희 중에 고난당하는 자가 있느냐 그는 기도할 것이요(let him pray), 즐거워하는 자가 있느냐 그는 찬송할지니라(let him sing praises)"

내 가족, 나 자신의 염려, 걱정, 문제들을 어디에 내놓고 '문제해결'을 바라며 '소원성취'를 위하여 기도 부탁하러 사람 찾아다니는 것은 이방인들이 행하는 것과 다를 바 없다는 말씀이다.

(마6:31-32) "그러므로 염려하여 이르기를 무엇을 먹을까 무엇을 마실까 무엇을 입을까 하지 말라 이는 다 이방인들이 구하는 것이라 너희 천부께서 이 모든 것이 너희에게 있어야 할 줄을 아시느니라"

(마6:33-34) "너희는 먼저 그의 나라와 그의 의를 구하라 그리하면 이 모든 것을 너희에게 더하시리라 그러므로 내일 일을 위하여 염려하지 말라 내일 일은 내일 염려할 것이요 한 날 괴로움은 그 날에 족하니라"

히스기야는 죽을병에 걸려 "죽고 살지 못하리라"는 청천벽력과도 같은 소식을 이사야 선지자로부터 알게 되었다. 하지만 한 나라의 왕인데도 백성들 그 누구에게도 병 낫게 해달라고 기도 부탁하지 않았다. 이는 자신의 문제이기 때문이다.

엄밀히 말하자면 히스기야의 죽음의 원인은 자신의 불순종과 교만의 죄로부터 찾아온 것이었다. 이러한 사실을 히스기야 자신이 알고 있었기 때문에 히스기야는 자신이 낯을 벽으로 향하고 여호와께 심히 통곡하며 기도하여 15년의 생명을 연장받은 것이다.(왕하 20:1-6)

이처럼, 하나님과의 1:1 관계에서 해결되어 버린 것이다.

그런데 성경은 기도 부탁할 수 있는 자는 '병든자'로 한정하고 있다.

중환자는 때론 스스로 입을 열어 기도할 힘조차 없다. 하지만 그 병든 자에게도 이렇게 말씀하고 있다.

(약5:14) "너희 중에 병든 자가 있느냐 그는 교회의 장로들을 청할 것이요 그들은 주의 이름으로 기름을 바르며 그를 위하여 기도할지니라"

그런데 여기서 주목할 것은,

"그는 교회의 장로들을 청할 것이요 그들은 주의 이름으로 기름을 바르며 그를 위하여 기도 할지니라"
는 말씀이다. 여기서 장로들은 지금의 교역자(목회자)를 말하는 것이다.

기도를 부탁하고자 청하는 데에는 '순서'가 있어야 하고, 그 숫자는

'복수' 이어야 한다. 마귀에게 틈을 주지 않기 위해서는 혼자서 가정 심방을 하면 안 된다.

7. 기도 제목을 내 놓을 때는 에스더처럼

앞에서 언급한 것처럼 '자신의 기도 제목은 자신이 해야 할 몫이다' 때문에 내 기도 제목을 가지고 친히 들어주시고 응답해 주시는 하나님 아버지께 직접 기도하지 않고 어디에 찾아가거나 내놓고 기도 부탁하면 안 된다는 필자의 소견을 밝혔다.

그러나 기도 제목을 내놓고 부탁해야 할 때가 있는데 그것은 그 기도 제목이 나의 유익을 위한 목적이 아닌 공동의 유익을 위한 목적이어야 한다는 것이다.

그리고 그 자세도 중요하다. '나는 희생하고 공동체는 유익하고, 나는 죽고 내가 속한 공동체를 살려내려는 자세'이다.

우리는 언제 어디서든 하나님 나라의 확장을 위해서, 나라와 민족, 교회, 목사, 선교사, 신학도, 복음통일, 국군장병, 해외근로자, 소외되고 그늘진 이웃, 불신영혼, 북한동포. 복음통일., 이처럼 내가 아닌 타인이나 공동체의 유익을 위해서는 우선하여 날마다 부르짖어 기도해야 한다.

'에스더'처럼 말이다.

'에스더'는 나라와 민족이 절체절명의 풍전등화와 같은 위기에 처해 있을 때, 기도 제목을 내놓았다.

그 자세는 "죽으면 죽으리라"이다. 다시 말해 '나는 죽고 민족은 살리겠다'는 '일사각오'의 정신이다.

(스4:16) "당신은 가서 수산에 있는 유다인을 다 모으고 나를 위하여 금식하되 밤, 낮 삼일을 먹지도 말고 마시지도 마소서 나도 나의 시녀와 더불어 이렇게 금식한 후에 규례를 어기고 왕에게 나아가리니 죽으면 죽으리이다 하니라"

어쩌면 '에스더'는 자신으로 생각하면 바보스런 결단을 한 것 같아 보였다. 여성이라면 최고의 영광, 어마어마한 세력을 자랑하는 127지방을 다스리는 아하수에로 왕에게 어렵게 발탁되어 준비한 왕후의 자리를 이렇게 쉽게 포기해버리다니! 이처럼 어리석은 일이 어디에 있겠는가! 말이다.

거저 주라

하지만 에스더는 개인의 영광, 자신만의 안위를 선택하지 않고 죽음 대신 민족을 살려내는 일을 선택했던 것이다.

(스8:6) "내가 어찌 내 민족이 화 당함을 차마 보며 내 친척의 멸망함을 차마 보리이까 하니"

이 얼마나 가치 있고 멋있는 선택인가!

그렇다고 '에스더'가 죽게 되었는가! 오히려 왕후로서 에스더의 입지는 더 강화되었고 악한 세력은 박멸되었고 속한 유다 민족은 살게 되었던 것이다.

(스8:16-17) "유다인에게는 영광과 즐거움과 기쁨과 존귀함이 있는지라 왕의 어명이 이르는 각 지방, 각 성읍에서 유다인들이 즐기고 기뻐하여 잔치를 베풀고 그 날을 명절로 삼으니 본토 백성이 유다인을 두려워하여 유다인 되는 자가 많더라"

이것이 기도 제목을 내놓고 기도 부탁하려는 성도의 자세이어야 한다는 것이다. 기도 제목을 내놓거나 기도 부탁을 하지 말라는 것은 아니다. 기도자의 중심이 어디를 향해 있느냐가 중요하다.

〈찬송〉 **"인애하신 구세주여"**

인애하신 구세주여 내가 비오니
죄인 오라 하실 때에 날 부르소서

자비하신 보좌 앞에 꿇어 엎드려
자복하고 회개하니 믿음 주소서

주의 공로 의지하여 주께 가오니
상한 맘을 고치시고 구원 하소서

만복 근원 우리 주여 위로 하소서
우리 주와 같으신 이 어디 있을까

〈후렴〉: 주여 주여 내가 비오니 죄인 오라 하실 때에 날 부르소서 -아멘

8. 구원은 취소될 수 있다.

이 부분을 말한다는 것이 그리 쉽지만은 않다.

하지만 우리 기독교인들이 너무 쉽게 간과해선 안 될 중요한 부분이기도 하다.

언제부터인가 '자유주의신학'이 교회 안에 들어와 교회 강단을 점령해버린 것 같다.

소위 '한번 구원은 영원한 구원'이라고 말이다. 이것은 참으로 위험한 말이 아닐 수 없다.

예수 믿는다고 말했으니, 교회에 다니니까, 목사, 장로, 권사, 집사.. 직분 받았으니, 성가대, 교사, 주차.. 봉사하고 있으니, 착한 일 많이 했으니 당연히 천국 가겠지!.. 라고 생각하며 세자신을 세상 것으로 가득 채워 마치 하나님이 주신 것으로 알고 세상에서 마음껏 즐기며 누리는 것에 익숙한 그리스도인이라면 나는 과연 구원받은 주님의 백성인가! 자신을 돌아보고 점검해 봐야 할 것이다. 앞서 언급한 말씀이지만 구원을 결코, 가볍게 여겨서는 안 되며 아무에게나 주어지는 싸구려 구원이 결코 아니다.

"너희는 믿음 안에 있는가 너희 자신을 시험하고 너희 자신을 확증하라 예수그리스도께서 너희 안에 계신 줄을 너희가 스스로 알지 못하느냐 그렇지 않

으면 너희는 버림받은 자니라"(고후13:5)

성경에서 버림당한 인물을 많이 언급했다. 구원이 취소되었다는 말은 버림당했다는 말이다.

이스라엘 초대 왕 사울이 대표적 인물이라 할 수 있다. 사울은 처음에는 지극히 겸손한 자이었고, 하나님께 제사를 직접 드렸던 자이었고 '일천번제'를 단번에 드린 사람이다. 이런 사울에게 하나님께서는 좋게 여기시고 사무엘을 통하여 사울에게 기름을 부어 왕으로 삼으셨다.

"사울이 대답하여 이르되 나는 이스라엘지파의 가장 작은 지파 베냐민 사람이 아니니이까 또 나의 가족은 베냐민 지파 모든 가족 중에 가장 미약하지 아니하나이까 당신이 어찌하여 내게 이같이 말씀하나이까 당신이 어찌하여 내게 이같이 말씀하시나이까 하니"(삼상9:21)

하지만, 사울은 어느덧 처음에 가졌던 겸손함이 사라지고 분노와 교만으로 가득 차 왕으로 뽑아 주신 것에 감사를 잊은 채 마귀에게 그의 생각이 점령당해 버린 것이다. 하나님께서 직접 골라 사울을 이스라엘 초대 왕으로 세워졌던 그도 버림을 당하게 된, 참으로 안타깝고 불행한 일이 아닐 수 없다.

"여호와께서 사무엘에게 이르시되 그의 용모와 키를 보지말라 내가 이미 그를 버렸노라 내가 보는 것은 사람과 같지 아니하니 사람은 외

모를 보거니와 나 여호와는 중심을 보느니라 하시더라"(삼상16:9)

또한, 신약에 와서도 마찬가지이다.
예수님께서 직접 골라 뽑은 '가룟유다'에게도 말씀하시기를,

"인자는 자기에 대하여 기록된 대로 가거니와 인자를 파는 그 사람에게는 화가 있으리로다 그 사람은 차라리 나지 아니하였더라면 자기에게 좋을 뻔하였느니라 하시니라"(막14:21)

그리고 '후메네오와 알렉산더'가 있다. 이들은 교회에 영향력 있는 자들로 대두되었지만, 점점 갈수록 교회에 악성종양처럼 번져가는 믿음이 파선된 자가 되고 말았다. 바울은 이들을 경계하라고 교훈하고 있다.

"아들 디모데야 내가 네게 이 교훈으로써 명하노니 전에 너를 지도한 예언을 따라 그것으로 선한 싸움을 싸우며 믿음과 착한 양심을 가지라 어떤 이들은 이 양심을 버렸고 그 믿음에 관하여는 파선하였느니라 그 가운데 후메네오와 알렉산더가 있으니 내가 사탄에 내준 것은 그들로 훈계를 받아 신성을 모독하지 못하게 하려 함이라"(딤전1:18~20)

이 밖에도 '아나니아와 삽비라'와 같이 성령으로 시작해서 육으로 마친 불행한 인생이 되어버린 수많은 인물을 볼 수 있다. 혹자는 '성경

의 인물 중에 성령으로 시작한 40% 정도가 이러한 종말을 맞이하게 되었다'고도 말한다. 이처럼 처음 받은 구원이 취소될 수 있다고 성경은 강력하게 교훈하고 있는 것이다.

심지어 성경에 복음의 진리를 가장 분명하고 확실하게 기록한 '사도 바울'까지도 이렇게 말하고 있다.

"내가 내 몸을 쳐 복종하게 함은 내가 남에게 전파한 후에 자신이 도리어 버림을 당할까 두려워함이로다"(고전9:27)

"그러므로 사랑하는 자들아 너희가 이것을 미리 알았은즉 무법한 자들의 미혹에 이끌려 너희가 굳센 데서 떨어질까 삼가라"(벧후3:17)

"여호와께서 모세에게 이르시되 누구든지 내게 범죄하면 내가 내 책에서 그를 지워버리리라"(출32:33)

하지만 '이기는 자는 생명책에서 결코 지우지 아니하리라'고 말씀하고 계신다. 여기에서 이기는 자를 한정하고 있음에 귀 기울여야 한다. 한번 믿는다고 시인한 사람이라면 끝까지 견디고 이기는 싸움을 한 사람을 생명책에서 지우시지 않겠다고 말씀하시는 것이다. 소아시아 7개 교회에게 한결같이 말씀하시는 것은 '네 행위를 아노니, 이기는 자, 견디는 자, 회개하라'를 구체적으로 강조하고 계시는 것이다.

이렇게 구원받은 자신이 행해야 할 나만의 몫이 있어야 한다는 것이다. 이것은 결코, 우리를 로봇으로 만들지 않으시려는 지극히 인격적이고 사랑의 하나님이시라는 복음의 메시지인 것이다.

따라서 우리는 하나님의 전신갑주를 입고 주님 오시는 그날까지 믿음의 선한 싸움을 싸워 승리한 자에게 주어지는 것이 피 값으로 사신 구원을 성령의 힘을 의지하여 끝까지 지켜 내야 하고 이루어 내야 한다.

"이기는 자는 이와 같이 흰옷을 입을 것이요 내가 그 이름을 생명책에서 결코 지우지 아니하고 그 이름을 내 아버지 앞과 그의 천사들 앞에서 시인하리라"(계3:5)

7장

그리스도인의 영성 키우기

1. 마귀에게 속지 말자

신앙생활이 뭐냐고 묻는다면 '마귀에게 속지 않는 것이다!'라고 대답하고 싶다.

마귀는 지옥에 데려가는 전문가, 전략가이고 지옥은 어떤 사람이 가는 것인가를 제일 잘 아는 존재이다. 특히, 하나님께 속한 성도를 끌어내 죄를 짓게 만들어 마귀에게 속한 자로 만들어 지옥 가게 만들어버리는 교활하고 악랄한 영을 가졌다.

영은 하나님의 영, 천사의 영, 마귀의 영, 사람의 영 이렇게 네 가지로 분류해 볼 수 있다. 여기에서 사람의 영이 하나님께 속해 있으면 천국에, 마귀에게 속해 있으면 지옥에 간다. 사람의 영이 생의 마지막 순간의 날까지 하나님께 속해 있느냐 마귀에게 속해 있느냐에 따라 그 운명이 갈라져버린다.

또한, 우리의 원수 마귀, 더러운 귀신은 세상 사람은 말할 것도 없고 믿는 사람들을 미혹, 의혹, 유혹해서 지옥문에 이를 때까지 끝까지 물고 늘어지는 속성이 있다. 마귀는 우리가 속아 넘어갈 때까지 자기의 정체를 절대 드러내지 않고 철저히 속인다.

마귀는 이미 긍휼 없는 심판으로 지옥에 떨어지기로 정해져 있기 때문에, 마귀는 분한 나머지 예수의 증거를 가진 자들을 우는 사자와 같이 삼키려고 호시탐탐 기회를 찾고 있기 때문에 절대 속아서는 안된다.

"큰 용이 내쫓기니 옛 뱀 곧 마귀라고도 하고 사탄이라고도 하며 온 천하를 꾀는 자라 그가 땅으로 내쫓기니 그의 사자들도 그와 함께 내 쫓기니라"(계 12:9)

"근신하라 깨어라 너희 대적 마귀가 우는 사자같이 두루 다니며 삼킬 자를 찾나니 너희는 믿음을 굳게 하여 그를 대적하라 이는 세상에 있는 너희 형제들도 동일한 고난을 당하는 줄을 앎이라"(벧전5:8~9)

"죄를 짓는 자는 마귀에게 속하나니 마귀는 처음부터 범죄 함이라 하나님의 아들이 나타나신 것은 마귀의 일을 멸하려 하심이라"(요일3:8)

하나님께서는 천사를 부리는 영으로 창조하셨다.

그리고 세 천사장(루시엘-찬양, 미가엘-군대, 가브리엘-메신저)을 두셨다. 이들 세 천사장은 지금의 군단장 겪으로 생각하면 이해가 될 것 같다.

아마도 루시엘은 모든 천사 중에서 가장 아름다웠고 세상적으로 등

급을 매긴다면 모든 면에서 서열 1위의 천사이고 그리고 세 천사장 중 가장 으뜸이었다고 말할 수 있다.

그런데 천사장 루시엘이 교만하여져서 어느 날 겁 없이 "하나님과 비겨 보리라"고 도전하기에 이르렀다. 이때부터는 더 이상 하나님이 부리는 천사장 루시엘이 아니라 안타깝게도 루시퍼(사탄, 용, 뱀)로 그 자격이 박탈되어 긍휼 없는 심판의 자리에 이르게 되어버렸다.

마침내, 하늘에서는 군대장관 격인 미가엘과 타락한 천사 루시퍼가 치열한 전쟁을 하게 되었다.

'미가엘과 그 사자들' VS '루시퍼와 그 사자들'의 싸움이었다. 그런데 그 싸움의 결과는 미가엘과 그 사자들의 완승으로 끝이 났다.

"하늘에 전쟁이 있으니 미가엘과 그의 사자들이 용과 더불어 싸울새 용과 그의 사자들도 싸우나 이기지 못하여 다시 하늘에서 그들이 있을 곳을 얻지 못한지라"(계12:7~8)

그 결과 타락한 천사 루시퍼(사탄, 용, 뱀)는 패배자로 남아 스올의 맨 바닥에 떨어짐을 당하는 비참한 자리에 이르게 된 것이다.

"너 아침의 아들 계명성이여 어찌 그리 하늘에서 떨어졌으며 너 열국을 엎

거저 주라

은 자여 어찌 그리 땅에 찍혔는고 네가 마음에 이르기를 내가 하늘에 올라 하나님의 뭇별 위에 내 자리를 높이리라 내가 북극 집회의 산 위에 앉으리라 가장 높은 구름에 올라가 지극히 높은 이와 비기리라(같아지리라) 하는도다 그러나 이제 네가 스올 곧 구덩이 맨 밑에 떨어짐을 당하리로다"(사14:14)

이제는 루시퍼와 그 사자들은 공중으로 떨어져 이 땅에 사는 날 동안 오직, 하나님의 백성들을 자기 것으로 삼아 지옥에 데려가려는 일밖에 할 수가 없게 되었다. 마귀는 우리의 영혼 사냥의 전략과 전술이 뛰어나다. 우리의 힘으로는 마귀와 싸워 이길 수 없고 그 전략에 당할 수밖에 없다. 마귀는 하나님과 직접 대면하여 지내왔기 때문에 창조주 하나님의 거룩성과 크고 위대하심, 전지전능하심을 사탄, 마귀보다 더 잘 아는 이 세상 사람은 아무도 없다.

"용이 여자에게 분노하여 돌아가서 그 여자의 남은 자손 곧 하나님의 계명을 지키며 예수의 증거를 가진 자들과 더불어 싸우려고 바다 모래 위에 섰더라"(계12:17)

마귀는 우리의 약점을 너무도 잘 알기에 그 약점을 이용하여 공격해 온다. 그 약점을 이용한 미혹의 영, 의혹의 영, 유혹의 영으로 다가온다.

필자도 마귀의 교묘한 속임수에 속절없이 넘어간 적이 수없이 많다. 당시에는 모른다. 하지만 결국에는 드러나 알게 되고 그 후유증은 이루 말할 수 없다. 다윗 왕도 밧세바를 범했을 당시에는 까마득히 속아서 몰랐다. 하지만 나단 선지자의 책망으로 그 죄악을 수습하기 위해 애절하게 회개하며 죽는 날까지 그 죄를 반복하지 않으려고 매일 매일 자신을 살피며 생을 마감했다.

이처럼 우리는 악한 원수 마귀, 더러운 귀신의 전략에 속지 않기 위하여 마귀에게 틈을 주지 말아야 한다. 그러기 위해서는 판단력과 분변력을 달라고 한결같이 기도해야 한다.

사람마다 그 약점이 다르겠지만,

'혈기, 음행, 교만, 명예, 도박, 게임, 술, 마약, 분노, 질병, 불면증, 우울증, 자살, 미움, 다툼, 시기, 질투, 원망, 불평, 짜증, 의심, 판단, 중상, 비방, 이간질, 수군수군함, 분노'..등은 모두 마귀가 가져다주는 속성들이다.

"또한 저희가 마음에 하나님 두기를 싫어하매 하나님께서 저희를 그 상실한 마음대로 내어 버려 두사 합당치 못한 일을 하게 하셨으니 곧 모든 불의 추악 탐욕 악의가 가득한 자요 시기 살인 분쟁 사기 악독이 가득한 자요 수군수군 하는 자요 비방하는 자요 하나님의 미워하시는 자요 능욕하는 자요 교만한 자요 자랑하는 자요 악을 도모하는 자요 부모를 거역하는 자요 우매한 자요 배약하는 자요 무정한 자요 무자비한 자라 저희가 이같은 일을 행하는 자는 사형에 해당하다고 하나님의 정하심을 알고도 자기들만 행할 뿐 아니라 또한 그 일을 행하는 자를 옳다 하느니라"(롬1:28~31)

마귀는 이러한 약점들을 이용해 처음에는 달콤하게 접근하여 결국에는 파멸에 이르게 만든다.

또한, 마귀는 갈라놓는 전문가이다. 우리의 원수 마귀는 아주 치밀한 전략을 세워 부모와 자식, 이웃, 친척, 친구와의 관계 나아가 나라와 나라, 민족, 계층과의 관계를 이간질하여 갈라놓게 만드는 명수 중의 명수이다. 그러므로 우리는 악한 원수 마귀와 싸워 이기기 위해 하나님의 전신갑주를 입어야 한다.

"마귀의 간계를 능히 대적하기 위하여 하나님의 전신갑주를 입으라 우리의 씨름은 혈과 육을 상대하는 것이 아니요 통치자들과 권세자들과 이 어둠의 세상 주관자들과 하늘에 있는 악의 영들을 상대함이라 그러므로 하나님의 전신갑주를 취하라 이는 악한 날에 너희가 능히 대적하고 모든 일을 행한 후에 서기 위함이라"(엡6:11~13)

그러므로 우리는 마귀에게 속지 않기 위하여 전신갑주를 입어야 하고 성령님의 힘을 의지하여 날마다 기도하고, 말씀으로 무장하고 신실한 예배자로, 서 있어야 성숙한 신앙인으로 자라갈 수 있다.

생전의 어머니는 "십자가 군병들아" 찬송을 즐겨 부르셨다.

〈찬송〉 **"십자가 군병들아"**

십자가 군병들아 주위해 일어나
기들고 앞서 나가 담대히 싸우라

주께서 승전하고 영광을 얻도록
그 군대 거느리사 이기게 하시네

십자가 군병들아 주위해 일어나
그 나팔 소리 듣고 곧 나가 싸우라

수없는 원수 앞에 주 따라갈 때에
주 예수 힘을 주사 강하게 하시네

십자가 군병들아 주위해 일어나
네 힘이 부족하니 주 권능 믿으라

복음의 갑주 입고 늘 기도하면서
너 맡은 자리에서 충성을 다하라

십자가 군병들아 주 위해 일어나
이 날에 접전하고 곧 개가 부르리

승전한 군사들은 영생을 얻으며
영광의 주와 함께 왕노릇하리라(아멘)

〈찬송〉 **"마귀들과 싸울지라"**

마귀들과 싸울지라 죄악벗은 형제여
담대하게 싸울지라 저기 악한 적병과

심판날과 멸망의 날 네가 섰는 눈앞에
곧 다가오리라

마귀들과 싸울지라 죄악벗은 형제여
고함치는 무리들은 흉한 적군아닌가

무섭고도 더러운 죄 모두 떨쳐버리고
주 예수 붙들라

마귀들과 싸울지라 죄악벗은 형제여

구주 예수 그리스도 크신 팔을 벌리고

너를 도와 주시려고 서서 기다리시니
너 어서 나오라

〈후렴〉
영광 영광 할렐루야 영광 영광 할렐루야
영광 영광 할렐루야 곧 승리하리라

2. 나를 의지적으로 주님께 맡겨라

한 번은 어떤 친구가 이렇게 묻는다.

"수현아! 너는 술, 담배, 스포츠, 오락 같은 것도 안하고 무슨 재미로 인생을 사느냐"고 말이다. 사실, 그 친구가 느끼는 것이 맞다. 예수님을 모르는 친구이기에 아무리 생각해 봐도 내가 재미없게 사는 가련한 친구라고 느끼는 것이 그리 이상하지는 않다.

우리 그리스도인들은 한 주간의 생활이 거의 교회의 스케줄에 맞춰지게 된다. 나도 마찬가지이다. 주중에 좀 여유로운 시간을 가질 수 있다면 토요일이라고 해야겠다. 토요일은 애경사만 없다면 한가한 시간을 보낼 수 있다. 오전에는 평일에 하지 못한 일을 좀 챙겨보기로 하고 오후 시간을 어떻게 보낼까? 생각해 보았다.

더구나 가족 모두가 같은 시간을 갖기란 그리 쉽지 않다.

등산을 해 볼까? 그런데 아내는 무릎이 약하다. 낚시를 즐겨 볼까? 그것은 아내가 더욱 싫어한다. 그럼 요즘 어지간한 사람이면 골프를 즐기는데 골프 좀 해볼까? 그런데 골프는 시간이 너무 많이 소요될 것 같다. 작은 공 하나를 작은 홀에 집어넣기 위해 안간힘을 쓰며 하루를 그렇게 보내기가 그렇다. 이처럼 모두가 마땅치 않다.

그렇다면 뭘 하며 보내지? 특별히 맘에 내키는 것이 없다. 궁리 끝에 생각한 것은 이런 세상 것보다는 기도하고 말씀을 더 보충하며 보내는 것이 좋겠다는 생각으로 기도원을 선택 하게 되었다. 안산에 있을 때는 집에서 가까운 곳에 안양 '갈멜산기도원'이 있다. 30분 정도의 거리이다. 아내에게 같이 가는 것이 어떠냐고 했더니 아내는 본래, 기도에는 체질화된 사람이라 흔쾌히 "좋은 생각이다"라고 한다. '갈멜산기도원'에 대해 주변 성도들에게 여쭤보니 신뢰할 수 있는 모범적 기도원이라 한다.

나는 기도원 마니아가 결코 아니다.

혹자는 말하기를 "기도원에 가는 사람은 무슨 문제가 생기거나 자신의 잘못으로 하나님께 매 맞고 어쩔 수 없이 가는 곳이다"라고 말하지만, 함부로 판단해서는 안 될 일이다.

나는 흔히 말하는 맹목적인 '광신자'나 '기도원 신자'가 되기를 원치 않는다. 기도 많이 하기 위한 것도 아니었고 말씀이 목말라서도 아니었다.

다만, 기도원을 선택하게 된 것은, '의지적으로 나를 세상 속에 놓지 않고 말씀과 기도의 울타리 안에 가둬 놓고 싶었을 뿐'이었다.

지금 와 생각해 보면 참 잘한 것 같다.

대부분의 기도원은 산세가 좋아 등산을 겸할 수도 있다. '갈멜산기도원'도 관악산 자락인지라 경치가 좋아서인지 등산객이 많다. 우리 부부도 종종 조금 일찍 오거나 집회 참석 후에는 기도원 주변을 등산한다. 게다가 산 중턱에는 운동 기구들이 있어 운동도 할 수 있다. 주변에는 유원지가 있어 산책로도 있고 맛있는 음식점도 많아 가끔 아내와 외식도 했다.

게다가, 아름답게 꾸며진 기도원 카페가 맘에 든다. 기도원 식당에서 만들어지는 음식은 정말 꿀맛 같다. 때론 독방 기도굴에 들어가 부

르짖어 기도한다. 이처럼 기도원은 여러 가지를 겸할 수 있는 최적의
영적 투자 공간이다.

일터(사업장)를 파주로 옮기게 되었다.

역시 가까운 기도원이 어디에 있는지가 궁금하다. 그런데 감사하게
도 그 이름난 '오산리최자실금식기도원'이 집에서 30분 거리에 있는
것이 아닌가!! 이곳 역시 토요일을 보내기에 더 좋은 곳은 없다. 나는
그곳에서 의지적으로 나를 주님께 맡겨 드림으로 인해 영적으로도 많
은 깨달음을 얻게 되고 자신을 돌아보게 된다. 그리고 사업적으로도 많
은 아이디어를 얻게 된다.

요즘 사업하시는 분들이 하는 소리가 있다. "너무 힘들어 줄여도, 줄
여도 헤쳐나갈 길이 안 보인다" 사실 그렇다. 요즘 힘들지 않은 업종이
거의 없을 정도이다. 이럴 때일수록 내가 해결할 수 있는 것은 아무것
도 없기에 나를 의지적으로 주님께 맡겨 드리기 위해 기도원을 찾는다.

'기도하는 사람이 신앙생활 하는 사람이고, 신앙생활 하는 사람이
기도하는 사람이다.

그리고 기도하는 사람은 하나님의 도우심으로 사업하지만 기도하
지 않는 사람은 자기 힘으로 사업한다.' 그런데 그 차이의 결과는 극과

극의 결과를 안겨다 준다.

'기도는 하나님께서 인간에게 주신 최고의 자원이요, 기업이다.' '기도를 기업으로 삼는 회사, 교회, 가정은 절대로 망하지 않는다.' '최선의 자기관리는 잘나갈 때, 평안할 때 더욱 주님을 의지하고 맡기며 기도하는 것'이다. 또한, 기도는 겸손의 표현이고 나는 할 수 없으니 전지전능하신 하나님께 맡기는 것이 신앙인의 기본자세라고 생각한다.

3. 일터(직장)에서 제단 쌓기

나에게 주님이 주시는 은혜의 한 가지를 간증한다면 주님과의 독대의 시간이다.

반복되는 일상 속의 첫 시간을 하나님께 드리는 독대의 시간이 나에게는 은혜중의 은혜이다. 필자는 회사 출근 시간보다 두 시간 정도 이른 시간에 도착한다.

그리고, 예배에 방해받지 않기 위하여 걸려오는 전화와 핸드폰을 받지 않는다. 정해진 순서(감사와 회개기도〉 감사찬양〉 기도〉 찬송〉 성경읽기〉 마무리기도〉 주기도)에 따라 예배한다. 이렇게 예배드리다 보면 어느새 정해진 시간이 지나고 함께 일하는 직원의 문 여는 소리가 들려 온다.

이렇게 예배를 마치고 일상의 업무를 시작하게 된다. 물론, 이 책을 읽는 독자 중에서도 매일 주님과 만나는 시간을 갖는 분이 많이 계시리라 믿는다.

필자의 경우에는 주님과 독대하는 시간을 정한 이후 단 하루도 그 시간을 어기거나, 빠뜨리거나, 생략하게 만들지 않으셨다는 것이다. 또한, 몸이 아파서 결근하거나 예배를 드리지 못할 핑계거리를 삼을 어떠한 상황도 주어지지 않았고, 주님께서는 그 약속을 한결같이 지킬 수 있도록 건강을 주셨고, 자동차 고장이나 사고, 바이러스 감염 등 어떠한 방해 요인도 생기지 않게 인도해 주셨다.

하나님께 예배하고 하루의 업무를 시작하게 된 동기는 이렇다.

대부분 자영업을 하든, 직장인이든 주어진 일에 성실하고 열심을 다하게 된다. 그런데 하루의 업무에 들어가거나 사람과 대화를 시작하기 전, 오늘 하루를 허락하신 주님께 먼저 아뢰고 생업에 필요한 일을 시작하고 있느냐는 질문을 스스로에게 하게 만드셨다.

이렇게 말이다. '너는 네가 세상에서 성공하고, 원하는 것을 성취하고, 잘살아보기 위해서는 그토록 열심 다하는데 정작 하루의 주인 되시고 너의 길흉화복을 주관하시는 하나님과의 만남의 시간을 가질 수는 없니?'

난, 이 질문에 그저 부끄러울 뿐 아무런 대답을 할 수가 없었다. 그래서 그 질문의 깨달음에 즉시 '그렇게 하겠습니다!' 하고 결단하게 된 것이 오늘까지 오게 된 동기이다.

이제는, 나에게 하루 중 가장 소중하고 기쁜 시간은 하나님과 독대하는 시간이다.

일터에서 제단을 쌓는 목적은 이렇다.

- 사람을 만나기 전에 하나님을 먼저 만나자!
- 사람의 음성 듣기 전에 하나님의 말씀에 귀 기울이자!
- 사람과 인사하기 전에 먼저 주님께 인사하자!
- 사람의 손 잡기 전에 주님이 내 손 먼저 잡아주시라고 구하자!
- 나를 의지적으로 예배의 울타리 안에 가두어 놓자!
- 나는 오늘도 주님에게 결박당하자!

하나님이 나의 산업과 소득이 되시고 나에게 맡겨주신 일터의 구역은 아름다운 곳 이이기에 성실하고 아름답게 관리해 나아가야 한다.

"여호와는 나의 산업과 나의 잔의 소득이시니 나의 분깃을 지키시나이다 내게 줄로 재어 준 구역은 아름다운 곳에 있음이여 나의 기업이 실로 아름답도다"(시16:5~6)

〈찬송〉 **"나의 영원하신 기업"**

나의 영원하신 기업 생명보다 귀하다
나의 갈 길 다 가도록 나와 동행하소서

세상 부귀 안일함과 모든 명예 버리고
험한 길을 가는 동안 나와 동행하소서

어둔 골짝 지나가며 험한 바다 건너서
천국 문에 이르도록 나와 동행하소서

〈후렴〉
주께로 가까이 주께로 가오니
나의 갈 길 다 가도록 나와 동행하소서

- 주님이 하게 하셨습니다.

4. 하나님이 쓰시는 사람은 뭔가 다르다

영성 있는 그리스도인은 다름이라는 특징이 있다.

다름을 다른 말로 표현하면 구별됨이다. 그리스도인은 세상 사람과는 확실한 구별됨이 있어야 한다. '다르다', '구별되다'는 비슷하다는 말과는 다르다. 세상사람 같기도 하고 그리스도인 같아서 분간할 수 없어서는 안 된다는 말이다. 양은 양이고 염소는 염소인 것이며, 알곡과 쭉정이는 확연하게 구분이 된다.

나아가 천국과 지옥이 완전히 다르듯이 성경에서는 다름을 중요하게 다루고 있다.

성경의 많은 인물이 있지만 '다르다'는 특징을 가진 몇 사람을 간략하게 생각해 보자.

〈갈렙〉

'갈렙'은 같은 것을 보고서도 생각이 달랐고, 입술의 말이 달랐고, 보는 눈이 달랐다.

생각과 말, 보는 눈을 온전히 주님만 보고 따랐더니 '갈렙'을 비롯한 그의 자손들까지 가나안 땅을 차지하게 되었던 것이다.

그리고 아낙 자손이 있는 크고 견고한 성읍 헤브론 땅을 그동안 누구도 점령할 엄두를 내지 않았지만 갈렙은 달랐다. 더구나 팔십 오 세가 된 시점에서 그 산지를 직접 점령할 수 있으니 달라고 요청한 갈렙의 믿음과 용기는 찬사를 받아 마땅하다.

"그 땅을 정탐한 자 중 눈의 아들 여호수아와 여분네의 아들 갈렙이 자기들의 옷을 찢고 이스라엘 자손의 온 회중에게 말하여 이르되 우리가 두루 다니며 정탐한 땅은 심히 아름다운 땅이라 여호와께서 우리를 기뻐하시면 우리를 그 땅으로 인도하여 들이시고 그 땅을 우리에게 주시리라 이는 과연 젖과 꿀이 흐르는 땅이니라 다만 여호와를 거역하지는 말라 또 그 땅 백성을 두려워하지 말라 그들은 우리의 먹이라 그들의 보호자는 그들에게서 떠났고, 여호와는 우리와 함께 하시느니라 그들을 두려워하지 말라 하나"(민14:6~9)

"이제 보소서 여호와께서 이 말씀을 모세에게 이르신 때로부터 이스라엘이 광야에서 방황한 이 사십오 년 동안을 여호와께서 말씀하신 대로 나를 생존하게 하셨나이다 오늘 내가 팔십오 세로되 모세가 나를 보내던 날과 같이 오늘도 내가 여전히 강건하니 내 힘이 그때나 지금이나 같아서 싸움에나 출입에 감당할 수 있으니 그날에 여호와께서 말씀하신 이 산지를 지금 내게 주소서 당신도 그날에 들으셨거니와 그곳에는 아낙 사람이 있고 그 성읍들은 크고 견고할지라도 여호와께서 나와 함께 하시면 내가 여호와께서 말씀하신 대로 그들

을 쫓아내리이다 하니"(수14:10-12)

"그러나 내 종 갈렙은 그 마음이 그들과 달라서 나를 온전히 따랐은즉 그가 갔던 땅으로 내가 그를 인도하여 들이리니 그의 자손이 그 땅을 차지하리라"(민14:24)

〈룻〉

젊어서 과부가 된 '룻'도 달랐다.

'룻'은 모두에게 인정받은 며느리 중의 며느리다. 시어머니 나오미에게 모압 여자인 '오르바'와 '룻'이라는 두 며느리가 있었지만, 그중에서도 '룻'은 그의 말이 달랐고, 생각이 달랐고, 성품이 달랐다. 그 결과 '룻'은 예수님의 족보에 오르는 영광에 이르게 되었음을 성경은 말씀해 주고 있다.

"룻이 가로되 `나로 어머니를 떠나며 어머니를 따르지 말고 돌아가라 강권하지 마옵소서 어머니께서 가시는 곳에 나도 가고, 어머니께서 유숙하시는 곳에서 나도 유숙하겠나이다 어머니의 백성이 나의 백성이 되고 어머니의 하나님이 나의 하나님이 되시리니 어머니께서 죽으시는 곳에서 나도 죽어 거기 묻힐 것이라 만일 내가 죽는 일 외에 어머니를 떠나면 여호와께서 내게 벌을 내리시고 더 내리시기를 원하나이다 하는지라 나오미가 룻이 자기와 함께 가기로 굳게 결심함을 보고 그에게 말하기를 그치니라"(룻1:15-18)

〈다윗〉

'다윗' 역시 다른 형제와는 달랐다.

그는 이스라엘 유다지파 이새의 여덟 명 중 막내로 태어났다. 성경 이야기 중에서 '다윗과 골리앗'의 싸움은 성경을 모르는 사람들조차도 알고 있을 만큼 빼놓을 수 없는 큰 싸움의 이야기다.

'다윗'의 머릿속에는 온통 이스라엘의 하나님으로만 가득 차 있었기에, 그의 생각과 눈은 오직 승리의 하나님만 바라보게 되었다. 이런 다윗에게는 하나님을 모욕하는 것, 만큼은 참을 수 없는 심장과 가슴을 소유한 사람이었다.

"다윗이 블레셋 사람에게 이르되 너는 칼과 창과 단창으로 내게 나아오거니와 나는 만군의 여호와의 이름 곧 네가 모욕하는 이스라엘 군대의 하나님의 이름으로 네게 나아가노라 오늘 여호와께서 너를 내 손에 넘기시리니 내가 너를 쳐서 네 목을 베고 블레셋 군대의 시체를 오늘 공중의 새와 땅의 들짐승에게 주어 온 땅으로 이스라엘에 하나님이 계신 줄 알게 하겠고 또 여호와의 구원하심이 칼과 창에 있지 아니함을 이 무리에게 알게 하리라 전쟁은 여호와께 속한 것인즉 그가 너희를 우리 손에 넘기시리라 블레셋 사람이 일어나 다윗에게로 마주 가까이 올 때에 다윗이 블레셋 사람을 향하여 빨리 달리며 손을 주머니에 넣어 돌을 가지고 물매로 던져 블레셋 사람의 이마를 치매 돌이 그의 이마에 박히니 땅에 엎드러지니라"(삼상17:45~48)

이처럼, 다윗은 보이는 현상에는 마음에 두지 않았고 '여호와 하나님'만 의지했던 것이다.

이러한 다윗에게도 뼈아픈 넘어짐의 실패가 있었지만 철저한 회개와 다시는 반복되는 죄악을 저지르지 않았고, 밧세바 이후에는 후궁을 들이지도 않았고, 나이가 많아 젊은 처녀 '아비삭'을 벗은 몸으로 곁에 있게 하였어도 그를 품에 품지도 않았다.

뿐만 아니라, 왕정시대의 어떤 왕보다 차별화된 왕이었기에 하나님의 마음에 맞는 왕이 되었고, 그 후손에서 예수님이 탄생하신 것이다.

"그 후에 그들이 왕을 구하거늘 하나님이 베냐민 지파 사람 기스의 아들 사울을 사십 년간 주셨다가 폐하시고 다윗을 왕으로 세우시고 증언하여 이르시되 내가 이새의 아들 다윗을 만나니 내 마음에 맞는 사람이라 내 뜻을 다 이루리라 하시더니 하나님이 약속하신 대로 이 사람의 후손에서 이스라엘을 위하여 구주를 세우셨으니 곧 예수라"(행13:21~23)

〈느헤미야〉

필자는 성경에 나오는 인물 중에서 '느헤미야'를 가장 닮고 싶은 지도자라고 말하고 싶다.

'느헤미야'는 시대의 위기상황을 읽을 줄 아는 사람이며 결단력과

추진력이 탁월한 평신도 리더십을 가진 사람이다.

바벨론에 의해 성벽이 무너지고 불타버린 지 140년이 되도록 방치해 있었지만 아무도 그 성벽에 대하여 관심을 갖고 대책을 세우거나 재건하려는 생각을 하지 않았다.

그러나 느헤미야는 달랐다. 보는 시각이 달랐고, 생각이 달랐고, 중심이 달랐다. '하나니'로 하여금 그 소식을 접하자마자 자기희생의 결단을 내렸다. 금식하며 하나님께 회개의 기도를 드렸고 무너지고 불타버린 성벽을 재건하려는 꿈을 품게 되었다.

게다가 그는 총독의 녹도 포기했다. 하나님께서는 그런 느헤미야의 기도를 들으시고 은혜를 베푸시어 그 꿈을 받으시고 성벽 재건 시작 52일 만에 완공하게 되는 놀라운 시대적 역사를 만들게 하셨다. 성벽 재건의 꿈이 이루어지기까지에는 '산발랏'과 '도비야', 아라비아 사람 '게셈'의 수많은 방해 공작이 있었고 살해의 위험이 있었지만, 거기에 굴하지 않고 하나님만 의지하여 승리를 얻게 되었다.

"하가랴의 아들 느헤미야의 말이라 아닥사스다 왕 제이십년 기슬르월에 내가 수산 궁에 있는데 내 형제들 가운데 하나인 하나니가 두어 사람과 함께 유다에서 내게 이르렀기로 내가 그 사로잡힘을 면하고 남아 있는 유다와 예루살렘 사람들의 형편을 물은즉 그들이 내게 이르되 사로잡힘을 면하고 남아 있는 자들이 그 지방 거기에서 큰 환난을 당하고 능욕을 받으며 예루살렘 성은 허물어지고 성문들은 불탔다 하는지라 내가 이 말을 듣고 앉아서 울고 수일 동안 슬퍼하며 하늘의 하나님 앞에 금식하며 기도하여 이르되 하늘의 하나님 여호와 크고 두려우신 하나님이여 주를 사랑하고 주의 계명을 지키는 자에게 언약을 지키시며 긍휼을 베푸시는 주여 간구하나이다 이제 종이 주의 종들인 이스라엘 자손을 위하여 주야로 기도하오며 우리 이스라엘 자손이 주께 범죄한 죄들을 자복하오니 주는 귀를 기울이시며 눈을 여시사 종의 기도를 들으시옵소서 나와 내 아버지의 집이 범죄하여 주를 향하여 크게 악을 행하여 주께서 주의 종 모세에게 명령하신 계명과 율례와 규례를 지키지 아니하였나이다 옛적에 주께서 주의 종 모세에게 명령하여 이르시되 만일 너희가 범죄하면 내가 너희를 여러 나라 가운데에 흩을 것이요 만일 내게로 돌아와 내 계명을 지켜 행하면 너희 쫓긴 자가 하늘 끝에 있을지라도 내가 거기서부터 그들을 모아 내 이름을 두려고 택한 곳에 돌아오게 하리라 하신 말씀을 이제 청하건대 기억하옵소서 이들은 주께서 일찍이 큰 권능과 강한 손으로 구속하신 주의 종들이요 주의 백성이니이다 주여 구하오니 귀를 기울이사 종의 기도와 주의 이름을 경외하기를 기뻐하는 종들의 기도를 들으시고 오늘 종이 형통하여 이 사람들 앞에서 은혜를 입게 하옵소서 하였나니 그때에 내가 왕의 술 관원이 되었느니라"(느1:1~11)

이렇게 하나님은 군중을 통해 일하시지 않으시고 꿈을 가진 군중 속의 어느 한 사람을 지도자로 세워 일해 나가신다. 하나님이 쓰시는 그

거저 주라

한 사람은 바로 보는 눈이 다르고, 생각이 다르고, 입술의 말이 다르고, 묵묵히 순종하여 행동하는 사람을 사용하셔서 역사를 이루어 가신다.

〈에스더〉

여성으로 '왕후'는 왕과 같은 권력을 가진 존재이다. 하지만, 에스더는 그 자리에 연연하지 않고 더 가치 있는 일에 몸을 던진 것이다. 더구나 전국 127도에 이르는 '아아수에로' 왕의 왕후이기에 여성으로 이보다 더 큰 영광의 자리는 없다. '신데렐라' 중의 '신데렐라'의 자리이다.

하지만, 에스더는 '나는 죽고 민족을 살리겠다'는 희생의 결단을 내린 것이다. '하만'의 계략으로 인해 유다 민족의 존폐와 죽음의 위기에 처해 있는 '절체절명'의 상황 속에서 '죽으면 죽으리이다'라는 '일사각오'의 정신으로 하나님을 향한 금식과 기도로 돌파해 나갔던 것이다.

그 결과 '에스더'를 통해 죽음의 위기에서 '에스더'와 '모르드게'의 결단으로 민족이 살고 에스더도 더 존귀함을 받아 살게 되었다. 이것이 이 땅에 사는 하나님의 사람이 살아가야 할 진정한 정신이고 가치이다.

"에스더가 하닥에게 이르되 너는 모르드개에게 전하기를 왕의 신하들과 왕의 각 지방 백성이 다 알거니와 남녀를 막론하고 부름을 받지 아니하고 안뜰에 들어가서 왕에게 나가면 오직 죽이는 법이요 왕이 그 자에게 금 규를 내밀어야 살 것이라 이제 내가 부름을 입어 왕에게 나가지 못한 지가 이미 삼십 일이라 하라 하니라 그가 에스더의 말을 모르드개에게 전하매 모르드개가 그를 시켜 에스더에게 회답하되 너는 왕궁에 있으니 모든 유다인 중에 홀로 목숨을 건지리라 생각하지 말라 이 때에 네가 만일 잠잠하여 말이 없으면 유다인은 다른 데로 말미암아 놓임과 구원을 얻으려니와 너와 네 아버지 집은 멸망하리라 네가 왕후의 자리를 얻은 것이 이 때를 위함이 아닌지 누가 알겠느냐 하니 에스더가 모르드개에게 회답하여 이르되 당신은 가서 수산에 있는 유다인을 다 모으고 나를 위하여 금식하되 밤낮 삼 일을 먹지도 말고 마시지도 마소서 나도 나의 시녀와 더불어 이렇게 금식한 후에 규례를 어기고 왕에게 나아가리니 죽으면 죽으리이다 하니라 모르드개가 가서 에스더가 명령한 대로 다 행하니라"(에4:10~17)

〈요셉〉

요셉은 12형제 중 11번째 아들이다. 30세에 애굽의 총리가 되었고 100세를 살았다. 그리고 구약의 인물 가운데 요셉에 관한 내용의 분량이 제일 많이 기록되었다.(창37장~50장)

요셉의 다른 점은 험난한 상황 가운데에서도 원망하지 않았다는 것과 누구에게도 자신의 과거를 들추어내지 않았고, 그 억울함에 보복하지 않은 점, 그리고 하나님을 가장 두려워할 줄 아는 심지가 곧은 사람이었고 어떠한 상황 속에서도 하나님 앞에서 득죄하지 않은 점을 들 수 있다.

　"요셉이 이끌려 애굽에 내려가매 바로의 신하 친위대장 애굽 사람 보디발이 그를 그리로 데려간 이스마엘 사람의 손에서 요셉을 사니라 여호와께서 요셉과 함께 하시므로 그가 형통한 자가 되어 그의 주인 애굽 사람의 집에 있으니 그의 주인이 여호와께서 그와 함께 하심을 보며 또 여호와께서 그의 범사에 형통하게 하심을 보았더라 요셉이 그의 주인에게 은혜를 입어 섬기매 그가 요셉을 가정 총무로 삼고 자기의 소유를 다 그의 손에 위탁하니 그가 요셉에게 자기의 집과 그의 모든 소유물을 주관하게 한 때부터 여호와께서 요셉을 위하여 그 애굽 사람의 집에 복을 내리시므로 여호와의 복이 그의 집과 밭에 있는 모든 소유에 미친지라 주인이 그의 소유를 다 요셉의 손에 위탁하고 자기가 먹는 음식 외에는 간섭하지 아니하였더라 요셉은 용모가 빼어나고 아름다웠더라 그 후에 그의 주인의 아내가 요셉에게 눈짓하다가 동침하기를 청하니 요셉이 거절하며 자기 주인의 아내에게 이르되 내 주인이 집안의 모든 소유를 간섭하지 아니하고 다 내 손에 위탁하였으니 이 집에는 나보다 큰 이가 없으며 주인이 아무것도 내게 금하지 아니하였어도 금한 것은 당신뿐이니 당신은 그의 아내임이라 그런즉 내가 어찌 이 큰 악을 행하여 하나님께 죄를 지으리이까 여인이 날마다 요셉에게 청하였으나 요셉이 듣지 아니하여 동침하지 아니할 뿐더러 함께 있지도 아니하니라"(창39:1~10)

5. 시대적 혜안을 가진 지도자

세계 3대 '빈민도시' 중 하나인 필리핀의 '톤도'는 정부에서조차 포기한 최악의 빈민가이자 우범지대이었다. 그런데 '김숙향'이라는 한국 선교사에 의해 선교 시작, 13년 만에 희망의 도시로 변하게 되었다는 사실을 익히 들어 알고 있을 것이다.

시대적 혜안은 그 시대를 꿰뚫어 보는 사명자의 눈으로만 볼 수 있다.

앞서 다뤘듯이, 성경의 인물 중에서 시대적 혜안을 가진 사람을 말하라면 '에스라', '느헤미야'와 같은 사람이다. 이들은 이 시대의 '목회자와 평신도'의 대표적 인물이라고 말해야 하겠다.

예루살렘 성벽이 불타고 훼파된 것을 무려 140년이 되도록 헤아릴 수 없는 사람이 가까이에서 보아 왔지만 그 심각성을 감지하지도 못했고 아무런 관심도 가지지 않았다.

하지만 '느헤미야'는 달랐다. 그 소식을 '하나니'로 하여금 귀로 듣기만 하였는데 그 자리에서 즉시 앉아 금식하며 눈물로 회개의 기도를 드렸고 그 성벽을 자신 '느헤미야'로 하여금 재건하게 해달라고 하나님께 간청하기에 이르렀고 마침내 그 꿈을 이루게 하셨다.

또한, 느헤미야는 총독 재임 12년 동안 총독의 녹도 받지 않았다. 그리고 청렴, 결백하였고, 자신이 마땅히 받아야 할 권리도 내려놓았다. 뿐만 아니라 스스로 본을 보여 사회적 정화작업에도 앞장섰고 이 일로 인해 백성들에게 큰 감동을 주는 영적 지도자가 되었다.

(느5:14~19)"또한 유다 땅 총독으로 세움을 받은 때 곧 아닥사스다왕 제이십년부터 제삼십이년까지 십이 년 동안은 나와 내 형제들이 총독의 녹을 먹지 아니하였느니라 나보다 먼저 있었던 총독들은 백성에게서, 양식과 포도주와 또 은 사십 세겔을 그들에게서 빼앗았고 또한 그들의 종자들도 백성을 압제하였으나 나는 하나님을 경외하므로 이같이 행하지 아니하고 도리어 이 성벽 공사에 힘을 다하여 땅을 사지 아니하였고 내 모든 종자들도 모여서 일을 하였으며 또 내 상에는 유다 사람들과 민장들 백오십 명이 있고 그 외에도 우리 주위에 있는 이방 족속들 중에서 우리에게 나아온 자들이 있었는데 매일 나를 위하여 소 한 마리와 살진 양 여섯 마리를 준비하며 닭도 많이 준비하고 열흘에 한 번씩은 각종 포도주를 갖추었나니 비록 이같이 하였을지라도 내가 총독의 녹을 요구하지 아니하였음은 이 백성의 부역이 중함이었더라 내 하나님이여 내가 이 백성을 위하여 행한 모든 일을 기억하사 내게 은혜를 베푸시옵소서"

이 시대에도 영적 혜안을 가진 분이 많이 있다.
그중 이용희 교수('에스더기도운동본부')와 같은 분은 한 시대적 사명감과 혜안을 가진 지도자라고 말할 수 있다. 필자는 이용희 교수님과의 직접적인 만남이나 관계를 갖고 있진 않지만 '에스더기도운동'에 종종 같은 마음으로 동참하고는 있다. 그는 삶의 가치를 세상적 안락함에 두지 않고 자신을 포기하면서까지 나라와 민족을 위해 기도하는 삶을 사는 영적 지도자라고 생각한다. 이것이야말로 예수님이 명령한 "거저 받았으니 거저 주는" 가장 가치 있는 인생길을 가는 사람이다.

그리고 혜안을 가진 사람 중에 '탈북가족'을 들 수 있다.

어쩌면 저들이 자신만의 자유를 찾아 탈북해 온 것 같지만, 자신이 처한 시대 상황과 미래를 꿰뚫어 보는 혜안이 없었다면 탈북할 엄두조차 못했을 것이다. 하나님께서는 저들을 통해 일하실 계획을 갖고 계시다는 생각을 지울 수 없다. 필자는 탈북민을 대할 때마다 평범한 생각을 가진 사람이 아니라 저들 속에는 뭔가가 꿈틀거리는 특별한 심장과 가슴을 소유한 자들이라고 생각하게 된다. 저들은 눈빛이 다르고, 말이 다르고, 생각이 다르고, 행동도 다르다.

필자는 탈북자 한 사람이 일당백 천을 능가할 이 시대의 지도자가 될 것이라고 생각한다.

그리고 이 책에도 소개되었지만 '서울본향교회' 유대열 목사(탈북1호 목사)는 탈북청년 1천 명을 시대적 사명자로 길러내기에 열정을 다하고 있다. 이미 그 숫자에 육박하고 있다.

거저 주라

시대적 혜안을 가진 '느헤미야'와 같은 지도자가 이 시대에도 많이 배출되어 혼탁한 이 민족에 예수 보혈의 피로 정화되는 역사가 나타나길 소망해 본다.

6. '예수그리스도'께서 다시 오실 일만 남았다

신구약 전체의 주제는 '예수그리스도'이다.

때문에, 성경 창1:1부터 계22:21까지 어디를 읽어도 '예수그리스도'가 보여야 한다. 만일, 성경 속에 '예수그리스도'가 보이지 않는다면 수십, 수백 독을 해도 성경 전체를 이해하기 어려울 것이다.

구약은 '예수그리스도'가 오시는 길을, 신약은 오신 '예수그리스도' 다시 오실 '예수그리스도'를 말씀하셨다. 때문에, 성경 말씀을 읽을 때 '예수그리스도'가 온 가슴으로 느껴져야 한다.

또한, 성경은 말씀이 육신이 되어 이 땅에 강림하시어 인류를 구원하시기 위해 오시고, 죽으시고, 부활하시고, 다시 재림하실 것을 계시하신 책이고 그 계시 된 약속은, 이루어주셨고 이루어질 것이다.

성경에서 '태초'라는 단어가 세 차례 나온다. (창1:1, 요1:1, 요일1:1) 그런데 여기에서 '태초' 라는 말씀은 곧 '예수그리스도'를 말한다. 또한, '예수그리스도'를 예표하는 단어나 성경구절은 이 책에 모두 나열하기 어려울 정도로 곳곳에 많이 표현되어 있다.

성경에 계시된 약속대로 '예수그리스도'께서 오신다더니 오셨고, 죽으신다더니 죽으셨고, 죽으신지 삼일만에 부활하신다고 하시더니 약속대로 부활하셨고, 부활하신 후 갈릴리로 오시겠다 하시더니 약속대로 제자들에게 나타나셔서 승천하시기 전 40일을 이 땅에 더 머무르시고 손과 발의 못자국, 옆구리의 창 자국을 십자가 보혈의 증거로 보여주셨다.

"천사가 여자들에게 말하여 이르되 너희는 무서워하지 말라 십자가에 못박히신 예수를 너희가 찾는 줄을 내가 아노라 그가 여기 계시지 않고 그가 말씀하시던 대로 살아나셨느니라 와서 그가 누우셨던 곳을 보라 또 빨리 가서 그의 제자들에게 이르되 그가 죽은 자 가운데서 살아나셨고 너희보다 먼저 갈릴리로 가시나니 거기서 너희가 뵈오리라 하라 보라 내가 너희에게 일렀느니라 하거늘 그 여자들이 무서움과 큰 기쁨으로 빨리 무덤을 떠나 제자들에게 알리려고 달음질할새 예수께서 그들을 만나 이르시되 평안하냐 하시거늘 여자들이 나아가 그 발을 붙잡고 경배하니 이에 예수께서 이르시되 무서워하지 말라 가서 내 형제들에게 갈릴리로 가라 하라 거기서 나를 보리라 하시니라"(마 28:5~10)

그리고 승천하시면서 승천하시는 예수님을 바라보며 그곳에 있었던 500명을 향하여 위로와 소망의 메시지를 주셨다. 너희는 이곳을 떠나지 말고 기다리면 약속하신 것을 주시겠다고 하시더니 역시, 승천하신 후 10일 만에 마가의 다락방에 모여 있던 120명에게 약속대로 성령을 선물로 부어주셨다.

여기에서 예수님이 말씀하신 것을 믿고 기다린 사람에게만 성령이 임했다는 점이다. 500명 중 380명은 다시 살아나신 예수님을 보고서도 여전히 예수님을 말씀을 믿지 않고 로마 병정들에게 끌려가 예수님처럼 죽을 것이 두려워 피해서 흩어져버렸다.

"그가 고난받으신 후에 또한 그들에게 확실한 많은 증거로 친히 살아 계심을 나타내사 사십 일 동안 그들에게 보이시며 하나님 나라의 일을 말씀하시니라 사도와 함께 모이사 그들에게 분부하여 이르시되 예루살렘을 떠나지 말고 내게서 들은바 아버지께서 약속하신 것을 기다리라 요한은 물로 세례를 베풀었으나 너희는 몇날이 못되어 성령으로 세례를 받으리라 하셨느니라"(행 1:3~5)

"오순절 날이 이미 이르매 그들이 다같이 한 곳에 모였더니 홀연히 하늘로부터 급하고 강한 바람 같은 소리가 있어 그들이 앉은 온 집에 가득하며 마치 불의 혀처럼 갈라지는 것들이 그들에게 보여 각 사람 위에 하나씩 임하여 있더니 그들이 다 성령의 충만함을 받고 성령이 말하게 하심을 따라 다른 언어

들로 말하기를 시작하니라"(행2:1~4)

　뿐만 아니라, 예수님께서 친히 우리를 위하여 우리가 영원히 거할 처소를 예비하러 가신다고 말씀하셨고 그 거처가 예비 되면 다시 와서 내게로 영접하시겠다고 마지막 약속을 남겨 주셨다.

　"너희는 마음에 근심하지 말라 하나님을 믿으니 또 나를 믿으라 내 아버지 집에 거할 곳이 많도다 그렇지 않으면 너희에게 일렀으리라 내가 너희를 위하여 거처를 예비하러 가노니 가서 너희를 위하여 거처를 예비하면 내가 다시 와서 너희를 내게로 영접하여 나 있는 곳에 너희도 있게 하리라"(요14:1~3)

　이제는 우리에게는 '다시 오신다'는 마지막 약속만 남아 있다. 이처럼 성경은 우리에게 모든 것을 계시로 알려주셨고 지금까지 성경에 계시 된 것은 모두 성취되었다.

　예수님께서 다시 오시겠다는 마지막 한 가지의 계시도 약속하신대로 반드시 이루어진다. 그러나 재림의 그 날 년, 월, 일, 시는 오직 '하나님 아버지'께서만 아시기에 알려 주실 수가 없으셨다.

　"그러나 그 날과 그 때는 아무도 모르나니 하늘의 천사들도 아들도 모르고 오직 아버지만 아시느니라."(마24:36)

그렇다면 다시 오신다는 약속도 반드시 이루실 것인데 다시 오실 주님을 누가 맞이하고 누구를 예비하신 처소로 데려가시느냐 하는 것이다. 이것이 믿는 우리에게 가장 중요한 문제이다.

또한, 예수님을 믿음으로 구원을 받게 되는데 그 믿음이 무엇이며 무얼 믿는다는 것인지를 알아야 한다.

이러한 의문을 가진 제자 '도마'와 '빌립'에게 예수님은 이렇게 말씀하여 주셨다. 이러한 질문은 단지 '도마'와 '빌립'만 가지고 있었던 것은 아니었을 것이다. 이 시대를 살아가는 우리 그리스도인들도 이러한 의문을 가지고 있을 것이다. 이에 대한 답을 예수님께서 친히 말씀해 주셨다. 요약하여 그 핵심을 말하자면.

'예수님이 곧 길이고, 진리이고 생명이다' 는 말씀과 '예수님으로 말미암지 않고는 하나님 아버지께로 올 자가 없다', 또한, '예수님이 하나님 아버지 안에 거하고, 하나님 아버지는 예수님 안에 계신 것을 믿으라' 이다.

그래도 못 믿겠거든 그동안 제자들 앞에서 수많은 이적과 기사와 표적을 보여주셨듯 그 일로 인하여 믿으라고 말씀하셨다.

"도마가 이르되 주여 주께서 어디로 가시는지 우리가 알지 못하거늘 그 길을 어찌 알겠사옵나이까 예수께서 이르시되 내가 곧 길이요 진리요 생명이니 나로 말미암지 않고는 아버지께로 올 자가 없느니라 너희가 나를 알았더라면 내 아버지도 알았으리로다 이제부터는 너희가 그를 알았고 또 보았느니라 빌립이 이르되 주여 아버지를 우리에게 보여 주옵소서 그리하면 족하겠나이다 예수께서 이르시되 빌립아 내가 이렇게 오래 너희와 함께 있으되 네가 나를 알지 못하느냐 나를 본 자는 아버지를 보았거늘 어찌하여 아버지를 보이라 하느냐 내가 아버지 안에 거하고 아버지는 내 안에 계신 것을 네가 믿지 아니하느냐 내가 너희에게 이르는 말은 스스로 하는 것이 아니라 아버지께서 내 안에 계셔서 그의 일을 하시는 것이라 내가 아버지 안에 거하고 아버지께서 내 안에 계심을 믿으라 그렇지 못하겠거든 행하는 그 일로 말미암아 나를 믿으라 내가 진실로 진실로 너희에게 이르노니 나를 믿는 자는 내가 하는 일을 그도 할 것이요 또한 그보다 큰 일도 하리니 이는 내가 아버지께로 감이라"(요 14:5~12)

이 시대를 살아가는 우리에게는 믿음과 구원에 대한 것을 '바울'을 비롯한 복음의 증인들이 기록한 말씀을 통하여 더욱 자세하고 확실하게 설명해 주었다. 그리고 이 땅의 수많은 주의 사자들을 통하여 대언하는 하나님의 말씀을 듣고 있다. 때문에, 우리는 말씀을 읽고 듣고 지키는 일에 전심전력해야 한다.

"이 예언의 말씀을 읽는 자와 듣는 자와 그 가운데 기록한 것을 지키는 자는 복이 있나니 때가 가까움이라"(계1:3)

"나의 계명을 지키는 자라야 나를 사랑하는 자니 나를 사랑하는 자는 내 아버지의 사랑을 받을 것이요 나도 그를 사랑하여 그에게 나를 나타내리라"(요 14:21)

"네가 만일 네 입으로 예수를 주로 시인하며 또 하나님께서 그를 죽은자 가운데서 살리신 것을 네 마음에 믿으면 구원을 받으리라 사람이 마음으로 믿어 의에 이르고 입으로 시인하여 구원에 이르느니라"(롬10:9~10)

믿음은 보혜사 성령님의 힘을 의지하여 말씀에 기록된 대로 지키는 것이고, 믿고, 시인하는 것이다. 믿고 시인한다는 것은 예수님이 나를 위해 고난당하시고, 인류의 죄를 짊어지시고 구속하시려 저주의 나무 십자가에서 죽으시고, 죽음에만 머물러 계시지 않으시고, 사망 권세 깨트리시고 부활하시어 다시 오마, 약속해 주신 말씀을 인격적으로 믿고 끝까지 그 주님만 바라보는 이것이 믿음인 것이다.

"믿음의 주요 온전하게 하시는 이인 예수를 바라보자 그는 그 앞에 있는 기쁨을 위하여 십자가를 참으사 부끄러움을 개의치 아니하시더니 하나님 보좌 우편에 앉으셨느니라"(히12:2)

그리고 죄는 예수님을 믿지 않은 그 자체가 죄이다.
또한, 그동안 수많은 전도자나 메스컴 등을 통해서 전파되어왔지만 믿으려 하지 않은 것이 죄다. 그렇기 때문에 구원받지 못한 자가 예수님을 몰라서 못 믿었다고 핑계할 수 없고 인간 모두는 신성을 가졌기에 알 수 있게 된다. 심지어 만물을 통해서도 알 수 있도록 창조해주셨다.

"하나님의 진노가 불의로 진리를 막는 사람들의 모든 경건치 않음과 불의에 대하여 하늘로 좇아 나타나나니 이는 하나님을 알 만한 것이 저희 속에 보임이라. 하나님께서 이를 저희에게 보이셨느니라. 창세로부터 그의 보이지 아니하는 것들 곧 그의 영원하신 능력과 신성이 그 만드신 만물에 분명히 보여 알게 되나니 그러므로 저희가 핑계치 못할지니라."(롬1:18~20)

〈찬송〉 "이 눈에 아무 증거 아니뵈어도"

이 눈에 아무 증거 아니뵈어도 믿음만을 가지고서 늘 걸으며
이 귀에 아무소리 아니 들려도 하나님의 약속 위에 서리라

이 눈에 보기에는 어떠하든지 이미 얻은 증거대로 늘 믿으며
이 맘에 의심없이 살아갈 때에 우리 소원 주 안에서 이루리

주님의 거룩함을 두고 맹세한 주 하나님 아버지는 참 미쁘다
그 귀한 모든 약속 믿는 자에게 능치 못할 무슨 일이 있을까

〈후렴〉 걸어가세 믿음 위에 서서 나가세 나가세 의심 버리고

걸어가세 믿음 위에 서서 눈과 귀에 아무 증거 없어도

8장

나는 '성경적 직분자'인가 '헌법적 직분자'인가!

1. '헌법적 장로'와 '성경적 장로'

나는 장로가 되면 평생, 한 교회에서만 남아 있어야하는 것으로 생각했다.

그런데 '직분자'로 피택이 된 시점에서 담임목사님(당시, 김인중 목사)과의 첫 만남의 자리에서 권면의 말씀과 더불어 제안하시는 말씀 한 가지가 있었다. 그것은 시무장로를 7년만 하고 각자의 은사대로 일명 '사역장로'로 나아가는 것이 바람직하지 않겠느냐는 것이다.

나는 그 자리에서는 당연히 그렇게 해야겠다고 마음먹었다. 왜냐하면, 그때만 해도 7년이 멀게만 느껴졌기 때문이다. 그런데 그 약속을 잊어버리고 어느덧 10년째가 된 시점에서 그 약속을 지켜야겠다고 마음먹었다.

그런데, 인간적인 솔직한 심정을 표현하자면, 시무장로의 위치에까지 오는 동안 나름 얼마나 많은 충성의 시간을 지나 여기까지 왔는데 이걸 내려놓으라고? 더구나 은퇴할 때까지 기간을 채우면 '원로장로'라는 추대도 받게 되어 평생 당회에 참석도 할 수 있는데 포기해버리라고! 등등 이런 식의 유치한 생각을 하게 된 것이 솔직한 나의 고백이다.

사실 나는 '휴직장로'를 생각했었다. 얼마동안 '휴직장로'의 길을 가다가 여의치 않으면 다시 복귀 할 계산을 한 것이다. 인간적인 생각에 내려놓기가 쉽지 않았기 때문이다.

그러면서 그곳(안산동산교회)에 머무는 동안 섬겨온 것들을 생각해 보았다.

어쩌다 보니 교회와 노회에서 회장이라는 회장은 거의 다 해본 것 같다. 교회에서는 '지역남전도회회장, 연합남전도회회장, 지역CE회장, 연합CE회장, 지역안수집사회장, 연합안수집사회회장', '노회청장년면려회장, 노회남전도회회장, 노회장로회회장', '노회장로부노회장' 얼마되지 않은 지난 세월 같은데 이렇게나 많은 직책을 맡아 해왔다니! 더구나 선배 장로들도 많은데 순서도 아닌 나를 '장로부노회장'으로 그것도 내가 없는 자리에서 지명이 되어 세워지게 된 것이다. 노회에서는 장로부노회장이면 장로로서는 더 이상의 직책이 없다. 이제는 '증경회장'이라는 위치로만 남게 된다.

그런데 이러한 직책을 맡게 될 때마다 우쭐한 마음이 든다. 이렇게나 자신이 이러한 위치에 있을 자격 있는 사람이나 되는 것처럼 거들먹거리며 그 순수했던 마음은 온데간데없이 사라진채, 어느샌가 나도 모르게 어깨에 힘이 들어가게 된다.

그리고 이제는 대우받는 어른의 자리에만 서게 되는 것이다. 나름

회장이란 회장은 모두 해 보았으니 소위, '증경회장'이라는 타이틀이 있어 각종 상석 그룹에 속해 어른이라는 자리에 앉게 된다. 이를테면 섬기는 자리에서 섬김을 받는 자리로 전락하고 마는 것이다. 부끄럽기 짝이 없는 모습들이다.

"인자가 온 것은 섬김을 받으려 함이 아니라 도리어 섬기려 하고 자기 목숨을 많은 사람의 대속물로 주려 함이니라"(막10:45)

그런데 그러는 동안 영혼은 점점 피폐해지고 병들어 죽어가고 있었다. 필자는 이런 부분을 가장 심각하게 생각했다.

더 이상, 말씀에 정신을 차리지 않으면 나 자신이 어떤 자리에서 어떠한 불법을 저지르는 위치의 자리로 나아갈지 모른다. 그래서 지금부터라도 내 영혼의 관리를 위해 정신을 바짝 차리고 그리스도인의 본질적 가치가 있는 자리로 돌아가야겠다고 결단하게 된 것이다.

주님께서는 나를 이러한 자리에 서 있기를 원치 않으셨는지 새로운 자리로 불러내셨다. 여기에서 멈추게 된 것이 얼마나 다행한 일이고 감사한 일이 아닐 수 없다.

필자는 이 책을 통해 나와 같은 자리에서 온갖 혜택을 누리며 직분을 감투로 생각하여 그것이 마치 주님께서 누리게 하신 일이고 하나님의 일인 것처럼 착각하고 계신 분들이 있다면 하루빨리 빠져나오라고 말하고 싶다. 그토록 원해서 얻은 그 직분을 가지고 얼마나 자신을 희생하고 그리스도의 일꾼으로 충성을 다했는가를 돌아보아야 한다.

> "사람이 마땅히 우리를 그리스도의 일꾼이요 하나님의 비밀을 맡은 자로 여길지어다 그리고 맡은 자들에게 구할 것은 충성이니라"(고전4:1~2)

교회나 노회 더 나아가 총회에서 감투 싸움하며 내가 맡은 영혼은 뒷전에 두고 노회와 총회 각종 이권단체나 기관에 기웃거리려 한 자리라도 차지하려는 생각을 어서 빨리 내던지고 나와야 한다. 이것은 사탄, 마귀가 속여 지옥 보내려고 감투의 자리로 끌어다 놓은 덫이라고 생각한다.

때문에, 어차피 주어진 '증경회장'의 자리라면 가장 낮은 자세로 바싹 엎드려 교회를 위해, 노회를 위해, 총회를 위해서 나 자신을 희생하면서 후배들을 섬겨야 한다. 기도로 섬기고 금전으로 섬기고 격려와 위로의 말로 섬겨야 하며 후배들 앞에서 일체의 어떤 발언이나 간섭은 금물이다. 일선에서 물러났으면 아예 '증경회장'이라는 자리에 불러낸다고 할지라도 일체 참석하거나 나가지 않는 것이 바람직하다. 후배에게 모든 걸 맡기고 진심으로 기도만 해주는 것, 이것이 앞선 자가 후배에게 가져야 할 덕스러운 모습이라고 말할 수 있다.

필자의 예기를 한다는 것이 부끄럽지만 이해와 용서를 구한다. 필자는 그동안 무얼 바라거나 대접받기를 즐겨 하거나 후임자들에게 '가타부타' 간섭하지 않았다. 무엇이든 챙겨서 그 모임에 갖다 주기를 즐겨했고 상견례 등 임원 모임 시 식사비를 부담하기도 하였다. 그리고 이 책에 소개하기에는 민망한 전통을 없애자는 제안을 하여 없게 한 모임도 있다.

부노회장의 자리에서도 노회 임원 전체(9명) 중 장로 임원(3명)과 합의하여 '임원회의 식사비는 우리 장로 3명이 노회 예산을 사용하지 말고 식사비를 교대로 섬기자'고 제안하여 단 한 끼도 노회 임원 모임 시 식사비를 노회 경비로 지출하지 않았다. 또한, 내가 속해 있는 상비부서에도 임원과 의논하여 그동안 책정되어 받아 온 경비를 받지 않기로 하여 필자가 속한 상비부의 노회지원 예산 항목에서 유일하게 0원이었다. 하지만, 그 씀씀이는 항상 풍요하고 떳떳했다.

앞에서도 언급한 바 있지만, 노회의 예산은 엄밀히 말하자면 각 지교회 성도들의 영혼이 담긴 소중한 헌금으로 이루어진 것이기 때문에 불법자가 되지 않기 위해 두렵고 떨리는 마음으로 그 재정을 사용해야 한다.

(마7:22-23) "그 날에 많은 사람이 나더러 이르되 주여 주여 우리가 주의 이름으로 선지자 노릇하며 주의 이름으로 귀신을 쫓아내며 주의 이름으로 많

거저 주라

은 권능을 행치 아니하였나이까 하리니 그 때에 내가 저희에게 밝히 말하되 내가 너희를 도무지 알지 못하니 불법을 행하는 자들아 내게서 떠나가라 하리라"

(빌3:7-9) "그러나 무엇이든지 내게 유익하던 것을 내가 그리스도를 위하여 다 해 로 여길뿐더러 또한 모든 것을 해로 여김은 내 주 그리스도 예수를 아는 지식이 가장 고상함을 인함이라 내가 그를 위하여 모든 것을 잃어버리고 배설물로 여김은 그리스도를 얻고 그 안에서 발견되려 함이니 내가 가진 의는 율법에서 난 것이 아니요 오직 그리스도를 믿음으로 말미암은 것이니 곧 믿음으로 하나님께서 난 의라"

그러나 필자도 어느새 섬기는 위치에서 섬김을 받는 위치로, 온갖 불법을 행하는 자, 타락한 자의 자리로 변모해가고 있었다. 이것이 이른바 '성경적 장로'로 나아가기 위한 결정적 동기가 된 것이다.

〈찬송〉 **"부름 받아 나선 이 몸"**

부름받아 나선이몸 어디든지 가오리다
괴로우나 즐거우나 주만따라 가오리니

어느누가 막으리까 죽음인들 막으리까

어느누가 막으리까 죽음인들 막으리까

아골골짝 빈들에도 복음들고 가오리다
소돔같은 거리에도 사랑안고 찾아가서

종의몸에 지닌것도 아낌없이 드리리다
종의몸의 지닌것도 아낌없이 드리리다

존귀영광 모든권세 주님홀로 받으소서
멸시천대 십자가는 제가지고 가오리다

이름없이 빛도없이 감사하며 섬기리다
이름없이 빛도없이 감사하며 섬기리다   -아멘.

2. '사역장로' 첫 시작 교회(연세중앙교회 윤석전목사)

지난 25년 동안 섬기던 교회(안산동산교회)를 떠나 첫 번째로 출석
한 교회가 모두가 알만한 소위 말하는 초대형 교회이다. 이 교회를 찾
은 몇 가지 이유가 있지만 그 중에서 북한(통일)선교에 많은 관심을 가
진 교회라고 들어왔기에 좀 더 북한선교를 배우기 위해 찾은 것이다.

나는 그동안 그 교회 담임목사님을 한 번도 직접 찾아뵙거나 대면한 적이 없었다. 그런데 필자가 일 년 정도 출석한 시점에 '통일선교국' 국장으로 임명이 되었다. 기라성 같은 중직자들도 많은데 이제 신입 교인을 그것도 담임목사님이 직접 임명하는 국장의 자리를 본인의 의견이나 대면 한 번도 없이, 임명되어버린 것이다. 나는 이 교회의 인사시스템의 원칙이 궁금하게 생각하지 않을 수 없었다. 그래서 나는 어느 한 분에게 물었다. '이렇게 출석한지 1년밖에 되지 않았고 그 부서에서 섬겨온 경험도 없는 사람도 국장으로 임명되는 경우가 있었느냐'

　그랬더니 "목사님이 직책을 임명한 것은 하나님이 주신 거나 마찬가지이니 그냥 순종만 하시면 됩니다." 이렇게 대답하는 것이다. 우문현답이다.

　나는 하는 수 없이 순종하기로 하고 임명된 다음 주부터 그 부서의 전임자에게 업무 인수 작업에 들어갔고 이제는 실제적인 업무가 시작되었다. 소위 말하는 그동안의 말도 많고 탈도 많았다는 사연들을 헤아릴 수 없이 듣게 되었다. 수십여 명의 탈북회원들의 명단을 받아 한 사람 한 사람을 파악하는데 꽤 많은 시간이 소요되었다. 또한, 매주 예배 후 한 시간씩 국장이 별도로 마련된 통일선교국 공간에서 예배와 모임을 인도하고 상담도 했다. 주중에는 임원들과 함께 심방을 가고 병문안도 가게 된다.

이렇게 하다 보면 구구절절 사연도 많다. 모두가 생소한 것들과 새로운 정보들이다. 평소 알고 있는 '새터민가족'의 선입견과는 천양지차다. 어디로 튈지 모르는 럭비공과 같다.

그런데 여기에서 풀어내야 할 중요한 한 가지를 찾아내게 되었다.
그것은 바로 이들에게 진정 필요한 복음을 심어줘야 한다는 것을 놓치고 있는 것 같았다.
모두가 다 그런 것은 아니지만 이들은 그동안 여러 교회를 다녀오면서 교회를 통해 물량적인 것을 받은 것만 기억하고 있는 것이다.

어느 교회가 많은 것을 주느냐, 어느 교회가 더 낳은 대우를 해주는가에 관심이 집중되어 있었다. 예를 들어 월 10만 원 주는 교회에 다니다가 월 20만 원 주는 교회가 있다면 뒤돌아보지 않고 그 교회로 간다는 얘기다. 게다가 식사 제공은 물론 차를 픽업해서 운행해 주어야 하고 조금이라도 불편하면 안 된다. 이 밖에도 많은 내용이 있지만 여기에 소개하지는 않겠다.

이렇게 된 것은 일부 교회가 그동안 그들을 그렇게 돈으로 길들여 버린 것이다.

나는 이러한 부분에 대하여 어떠한 결단을 내려야 할지 고민이 되었다. 우선, 돈이 지급되는 부분부터 차단해야겠다고 생각했다. 국장에게 주어진 시간에 말씀으로 먼저 설득하기 시작했다. 이렇게 말이다.

'교회는 구원받은 성도들이 예배하고 서로 섬기고 기도하며 성도간의 친밀한 교제를 나누기 위한 공동체입니다. 성도는 교회에 나와 주님께 드리러 오는 것이지 무언가를 받으러 나오는 곳이 아닙니다. 교회는 복음을 주고, 구원을 주고, 예수 피의 생명을 전하는 곳입니다. 예수님은 우리를 죄와 사망과 지옥의 저주에서 구원하시고 영생을 주시러 오셨습니다. 그 예수님을 믿는 우리는 그 은혜에 감사하여 '하나님의 영광을 위하여 하라'고 말씀하셨습니다.

"너희가 먹든지 마시든지 무엇을 하든지 다 하나님의 영광을 위하여 하라(고전10:31)"

이제부터 우리 통일선교국은 돈을 주는 일은 없을 것입니다. 정말, 돈이 필요해서, 돈이 없어서 살아가기 힘든 분이 계시다면 저에게 찾아오시어 직접 말씀해 주세요. 그리고 이제 돈을 주지 않으니 다른 교회에 가시겠다면 말리지 않겠습니다. 하지만, 분명한 것은 예수님은 돈을 주러 오시지 않았습니다. 우리를 살리시려 목숨을 버리시면서까지 우리를 사랑하시어 우리에게 생명을 주시러 오셨습니다.

"(마20:28)인자의 온 것은 섬김을 받으러 함이 아니라 도리어 섬기려 하고 자기 목숨을 많은 사람의 대속물로 주기 위해 오심이라"

또한, 돈이 여러분을 살리지 못합니다. 오히려 여러분을 더 깊은 수렁으로 빠뜨릴 수 있습니다. 그리고 여러분이 받는 돈은 교회에서 지원해 주는 것이 아닙니다. 그동안 섬겨왔던 국장이나 임원 개인의 호주머니에서 나온 것입니다. 돈으로 여러분을 불러 모으는 교회라면 가지 마십시오. 돈 몇 푼에 여러분이 팔려가다시피 한다면 여러분은 예수님을 영원히 만나지 못할 것입니다. 여러분 혼자 잘 먹고, 잘 살려고 자유를 찾아 목숨 걸고 사선을 넘어 탈북해 오셨습니까! 두고 온 부모, 형제, 가족, 일가친척은 어쩌란 말인가요!..

이제 여러분은 진정한 예수님을 경험하고 만나는 것에 목숨을 걸어야 합니다. 그리고 북에 두고 온 분들에게 예수 믿고 천국 가게 만들어야 하지 않나요?.' 이렇게 진지하고 애절하게 전했다.

새로운 국장이란 사람에게 그동안 처음 들어본 말이어서인지 모두가 어리둥절하고 숙연한 표정이다. 그저 적막감만 흐른다.

그런데 감사하게도 돈을 주지 않으니 다른 교회에 가겠다는 회원은 아무도 없었다.

더 나아가 회비까지도 내자고 결의했다. 탈북자들에게 회비를 걷는다는 것은 교회를 다 떠나라는 것이나 마찬가지이다. 임원들과 회비를 걷는 부분에 대하여 의견을 나누게 되었는데 이구동성으로 "그렇게 되

210

거저 주라

면 아마 다음 주부터 나오지 않겠다고 난리가 날걸요" 하며 우려 섞인 의견을 말했다. 하지만 주님이 주신 마음이기에 나는 회원들을 설득하기 시작했다.

'교회의 모든 기관은 다 회비가 있습니다. 이 회비로 각 기관을 운영하는 곳에 사용합니다. 우리 통일선교회 회원들도 타 기관과 같이 당당하게 회비도 내고 후원, 찬조도 해서 그 자금으로 운영해 나가고 교회에 헌금도 합시다. 왜? 우리라고 특별한 대우를 받아야 하나요! 그것이 바로 우리 회원들이 스스로 차별대우를 받게 되는 것이 됩니다. 오히려 우리 회원들이 다른 기관에 모범이 되어 보십시다. 월 회비 금액은 부담되지 않도록 각자 자유로이 정하면 됩니다. 그리고 당부 드릴 것은 회비를 내기 싫으면 안 내셔도 됩니다. 대신 불평, 불만하거나 공동체를 분란 시키는 언행은 하지 마십시오' 이렇게 설파했다.

감사하게도 이것도 받아들여 회비담당 회계를 별도로 세워 회비를 걷기 시작했다. 사실, 탈북 새터민들은 돈이 그리 궁색하거나 힘들게 살아가지는 않는다. 건강만 하다면 우선하여 취직이 되는 곳이 있다. 또한, 회원들의 90% 이상은 국가에서 제공한 서울과 수도권의 아파트에 살고 있다.

하지만 나는 한편으로는 감사했고 한편으로는 미안하기도 했다. 이제 이들에게 무엇으로 그 공허함을 채워줄까를 생각했다. 이들의 실생

211

활에 무엇이 필요한 것인가를 먼저 섬겨 온 임원들에게 물었다.

먼저 찹쌀이 물망에 올랐다. "왜냐하면, 정부에서 보조해 주는 쌀은 일반 쌀보다 미질이 떨어지기 때문에 밥맛을 좋게 하기 위해서는 찹쌀을 섞어서 먹는 것을 좋아한다. 탈북자들에게 일반 쌀을 주는 것은 도움이 되질 않는다"고 의견을 내었다.

나는 즉시 그 의견을 받아들여 '우리 회원들에게는 년 중 무한 리필로 찹쌀을 제공해 주겠다'고 선언했다. 그래서 통일선교국 사무실에는 항상 찹쌀을 비치해 두어 필요하면 언제든지 가져갈 수 있도록 한 것이다.

또한, 나는 이들에게 전도의 경쟁을 유발하기 위해서 전도시상 제도를 내 걸었다.
전도 시상의 세부 기준을 두었고 전도 왕에게는 금 5돈의 시상을 걸었다.

그리고 아이를 많이 낳는 회원에게 다산의 시상을 하겠다고 했다. 이것이 애국하는 길이고 생육하고 번성하라는 말씀이기 때문이라고 전했다. 당시 3명의 자녀를 가진 회원이 있었는데 하나를 더 가지게 되어 4째를 낳게 되었을 때 약속대로 100만 원을 별도로 시상했다. 물론 그가 시상 때문에 아이를 가진 것은 아니다. 지금은 5명이 되었다. 여기에 다 소개하긴 어렵지만 탈북자 중에서 그 누구보다 진정한 믿음을 가진 진주 같은 분이기도 하다.

어느 회원은 '서울신학대학교' 신학과를 졸업하고 대학원을 마치고 목회하는 탈북 여성도 있다. 또한, 우연한 기회로 어느 해 추석 전 '에스더기도운동본부'에서 해마다 주최하는 '탈북민 초청 추석감사예배'에 우리 부부도 같이 참석하게 되었는데 그 자리에서 다시 만나게 된 당시 덤프트럭을 운전하였던 성격도 까칠했던 회원이 어느덧 선교사가 되어 예전의 모습은 온데간 데 없이 천사처럼 환한 얼굴로 변해있는 모습을 보았을 때 하나님의 일하심은 참으로 놀랍다는 사실을 새삼 느끼게 되었다.

이처럼, 탈북자들은 그 누구보다도 소중한 전도자의 마중물이다. 한국교회가 이들에게 관심을 가져야 한다. 이들은 목숨도 두렵지 않고 사선을 넘은 기본이 잘 다져진 불굴의 용사들이다.

이들에게 진정한 복음이 심기어지면 일당백 나아가 일당 천.. 그 이상의 예수 피의 운반자!, 복음의 수레!, 그리스도께 드려지는 중매자!로 넉넉히 사용될 수 있다고 확신한다.

(고후11:2) "내가 하나님의 열심으로 너희를 위하여 열심을 내노니 내가 너희를 정결한 처녀로 한 남편인 그리스도께 드리려고 중매함이로다"

이렇게 나는 이 교회에서 첫 '사역장로' 2년의 통일(북한)선교국장의 임기를 마치고 새로운 다른 곳으로 발길을 옮겼다.

- 주님이 하셨습니다!

〈찬송〉 **"나 주를 멀리 떠났다"**

나 주를 멀리 떠났다 이제 옵니다
나 죄의 길에 시달려 주여 옵니다

그 귀한 세월 보내고 이제 옵니다
나 뉘우치는 눈물로 주여 옵니다

나 죄에 매여 고달파 이제 옵니다
주 크신 사랑 받고자 주여 옵니다

이 병든 맘을 고치려 이제 옵니다
큰 힘과 소망 바라고 주여 옵니다

나 바랄 것이 무언가 우리 주 예수
날 위해 돌아가심만 믿고 옵니다

〈후렴〉 나 이제 왔으니 내 집을 찾아 주여

　　　나를 받으사 맞아 주소서

3. '사역장로' 두 번째 교회(한빛침례교회: 김성찬 목사)

이 교회를 섬기시는 목사님은 어린이 아동 복지센터를 운영하고 계시는데 그 수입으로 지난 30여 년을 섬겨오셨다. 설교시간에 이렇게 말씀하신다. "지금까지 사례비 6만 원씩 주셔서 받아왔는데 내년부터는 10만 원을 올려 월 16만 원을 주시면 고맙겠다"고 하시면서 성도들에게 동의를 구하는 것이었다.

목사님의 제안에 모든 성도가 아멘! 으로 찬성하고 동의해 주었다. 나는 귀를 의심했다. 지난 30년 동안 6만 원씩 받아 오신 것이 사실이란 말인가! 세상에 이런 교회, 이런 목사님이 계시는구나! 하고 말이다. 사실이었다. 그 교회 부임 초기부터 출석하신 권사님이 증인이다.

받아 온 그 6만 원도 "목사가 사례비를 받지 않으면 성도들이 교만하다고 생각하실까 봐 받게 되었다"고 말씀하신다.

파주는 산과 강 그리고 논, 밭으로 이루어진 비교적 넓은 시골 풍경의 도시이다.

시골에서 살려면 전, 답은 필수라고 할 수 있기에 나에게도 농업경영체등록(농지대장)이 필요했다. 그래서 나는 사무실 근처의 부동산에 들러 혹시 농사지을 땅이 있는지 들렀는데 마침 며칠 전 나온 땅을 구입했다.

그런데 어느 주일, 예배드리는 중에 목사님께서 설교시간에 우리교회가 그동안 바라고 기도해온 것이 있는데 그것은 바로 교회공동체가 함께 경작할 수 있는 땅을 갖는 것이라고 말씀하셨다.

나는 순간 감동이 왔다. 바로 며칠 전에 계약한 땅을 하나님께서 이 교회에서 경작할 수 있도록 하라고 주셨다는 생각을 하게 되었다. 나는 즉시로 예배를 마치고 이 땅을 드리겠다고 목사님께 말씀드렸더니 너무 좋아하셨다. 더구나 교회와 거리도 가까운 위치에 있어서 더욱 좋다고 하신다. 이제는 그 땅을 일구어 나가기 위해 계획도 세우고 어느새 "아나돗농장"이라 이름도 짓고 교회공동체가 더욱 생기가 넘치기 시작했다.

또한, 그 교회 집사님 한 분이 교회에 땅이 있으면 매일 그 땅을 경작해 주시겠다고 해오셨단다. 그 집사님은 한 때 잘 사는 분이었는데 술과 놀음으로 아파트도 넘어가고 있는 재산을 모두 탕진하여 폐인처

216

럼 살아가다가 이 교회의 목사님을 만나 새롭게 변화되어 틈만 나면 교회에 나와 교회의 온갖 일을 도맡아 오고 계신 분이라고 한다.

어느덧 밭에 경작이 시작된 것이다. 그 교회 목사님은 그 땅 이름을 "아나돗농장"이라고 이름도 지어 주셨다. 그곳에서 기쁨과 즐거움이 회복되어 교회공동체의 가족이 새롭게 살아나는 "아나돗 농장"이 되기를 바라는 뜻이다.

(렘32:8) "여호와의 말씀같이 나의 숙부의 아들 하나멜이 시위대 뜰안 내게로 와서 이르되 청하노니 너는 베냐민 땅 아나돗에 있는 나의 밭을 사라 기업의 상속권이 네게 있고 무를 권리가 네게 있으니 너를 위하여 사라 하는지라"

어느새 어린아이부터 어른에 이르기까지 참여하여 각자 경작할 구역을 정하고 푯말을 붙이고 씨앗과 묘목을 구입하여 심기 시작하여 물을 주고 풀도 뽑아 주니 꽃이 피고 열매가 맺히고 자기가 심어놓은 식물이 자란 것을 보고 들여다보며 모두가 즐겨한다. 금새 열매를 수확하여 부모님, 할머니, 할아버지, 친지, 주변 이웃에게 나눠드리며 행복해한다. 이 모습을 하나님이 보실 때에도 얼마나 좋아하실까 생각해 보았다.

이 교회의 강대상 전면에 설치된 화면 스크린이 한쪽밖에 없다. 그리고 교회 화장실은 남, 여 구분이 없는 열악한 공동화장실이다. 또한, 그리 크지 않은 스크린이 한쪽밖에 없으니 고개가 한쪽으로만 쏠려 예배드리는데 반대편에 앉은 성도들에게는 불편하게 되고 화장실도 공용이니 불편하긴 마찬가지이다. 말할 것도 없이 이는 교회가 열악하여 생긴 현실이다. 성도의 한사람으로서 마음이 불편했다.

난 목사님께 말씀드리고 강대상 스크린과 남, 여가 분리된 화장실을 설치하는데 섬기도록 은혜를 주셨다.

- 주님이 하셨습니다!

4. 세 번째 교회, 연천 원당교회(김광철 목사)

내가 만난 '연천 원당교회'는 소아시아 7개 교회 중 '서머나교회'를 연상케 한다. 그리고 이 교회 김광철 목사님은 북한선교에 남다른 열정을 가지신 분이고 한결같은 인격을 가지신 분이다. 지난 오랜 기간 매월 1톤의 쌀을 보내는 일에서부터 인도적 차원에서 순수하게 쌀만을 풍선에 띄워 굶어 배고픈 저들에게 날려 보내는 일에도 앞장서 일해 오셨다.

"내가 네 환난과 궁핍을 아노니 실상은 네가 부요한 자니라"(계2:9)

거저 주라

"긍휼히 여기는 자는 복이 있나니 그들이 긍휼히 여김을 받을 것임이요"(마 5:7)

우연히 인터넷에서 민통선을 검색하다가 눈에 들어온 교회다.

원당교회를 소개한 여러 기사를 찾아볼 수 있었다. 은혜롭고 흥미로운 내용으로 가득하다.

아내와 함께 탐방하기로 했다. 민통선 내에 있었던 교회라는 것에 마음이 끌렸기 때문이다.

원래, 2001년까지는 민통선에 속해 있었는데 이제는 해제되어 자유로이 임진강을 '장남교'라는 다리로 건널 수 있게 되었다. 다리를 건너 얼마쯤 진입하다 보면 개성↔서울의 화살 표시가 마음을 설레게 만든다. 남한과 북한을 가로지르는 느낌이 들기 때문이다.

교회에 도착해서 실제의 보습을 보니 정겹고 아름다운 전원교회의 모습이었다. 먼저 교회당 안을 가보기로 했다. 마치 기다렸다는 듯이 문이 열려 있어 쉽게 들어갈 수 있었다. 아담하고 예쁘게 잘 지어진 예배당 모습이다. 비록 짧은 시간이었지만 마치 내가 출석하는 교회에 들어온 포근한 느낌이었다. 밖에 나와 보니 왼편에 잘 다듬어진 넓은 잔디마당이 눈에 들어온다. 어쩌면 이렇게 교회 한쪽에 좋은 잔디밭을 만들어 놓았을까! 이곳에서 야외결혼식 등 여러 가지로 활용할 수 있겠다는 생각을 하게 된다. 조금 더 나와 보니 오른편에 야외 예배당이 꾸

며져 있고 회중석엔 의자가 아닌 돌이 놓여 있다. 여름철에는 이곳에서 예배를 드리기도 했단다. 또한, 교회 옆을 지나는 제법 큰 농수로에 많은 물이 힘 있게 흐르고 있었다.

비교적 넓은 대지 위에 이처럼 아름다운 교회가 있다니! '연천 원당교회'를 소개한 기사 내용이 많기에 자세한 내용은 굳이 설명하지 않아도 될 것 같다.

우린 이번 주일부터 예배에 참여해 보기로 했다.

예배 시작 30분쯤 도착했다. 찬양의 시간이다. 인도자의 일방적인 찬양곡이 아닌 성도들이 부르고 싶은 찬송을 신청받아 인도자가 재차 알려주는 방식이다. 연세가 많으신 분들이 많아서인지 신청받은 찬송가 장수를 큰소리로 안내해 주신다.

이렇게 예배 시작부터 끝까지 부르는 찬송가만 20곡쯤은 족히 되는 듯하다. 하지만 아주 짧은 시간에 부른 것 같다. 찬송을 부르는 내내 은혜가 넘친다. 이렇게 예배시간에 많은 찬송을 부르는 교회가 또 있을까!

목사님의 설교 또한 어느 설교자보다 은혜롭다. 평균연령 70이 넘는 성도들에 맞게 힘이 있고 명료하게 본문 말씀을 중심으로 모두가 이

거저 주라

해하기 쉽게 전하신다. 그리고 예배의 진정성을 높이기 위함인지는 모르지만, 예배순서는 거의 다 일어서서 드린다. 실제 예배드리는 마음과 경건함이 다르게 느껴진다.

그런데, 이 교회에 출석하여 첫눈에 들어오는 것이 강단의 마이크다. 보통 마이크가 강대상 좌, 우 두 개가 있는데 한쪽만 있는 것이다. 게다가 설교 중간에 스피커가 직~직하며 잡음이 들린다. 강단에서 설교를 전하시는 목사님에게 제일 비중 있게 생각하는 것이 있다면 엠프시설이다.

필자는 이 문제를 해결하여 목사님 목회에 도움을 드려야겠다고 생각했다. 그래서 전에 섬기던 교회의 방송음향 전문가에게 의뢰하여 직접 찾아오셔서 진단을 받아 해결하게 되었고 강단스피커와 무선 헤드 마이크를 주문해서 목사님께 드렸다.

또한, 아내가 이렇게 말한다. "교회 화장실에서 세면기에 물을 받아 사용하는데 물이 그대로 바닥에 흐르게 되어 특히 어르신들이 미끄러지거나 하면 위험하게 생겼다"고 한다. 나는 여자 화장실만 그러지는 않을 거라 생각하여 남자 화장실에 가보았다. 역시 마찬가지였다. 배관시설이 전혀 되어있지 않은 것이다. 세상에! 그럼 지금까지 이런 상태에서 사용해 왔다는 말인가! 겨울에는 어떻게 사용했지? 궁금했다.

이제 화장실을 고쳐드려야겠다고 생각했다. 목사님에게 고쳐드려도 되는지 여쭤보았더니 화장실 상태를 다 알고 계셨다. 목사님은 샤워실도 필요하다고 말씀하셨다. "때론 교회를 탐방하러 오시는 교회나 방문객들이 숙식하기도 하는데 냉, 온수가 나오는 샤워실이 필요하다"고 하셔서 섬기게 하셨다.

이제는 교회 현관 출입문이 눈에 들어온다. 목재로 된 문이 낡아 문을 여닫을 때 소리가 나고 예배에 지장을 준다. 목사님께 여쭙고 자동문으로 달아드렸다. 이제는 다른 곳이 또 눈에 걸린다. 교회 내부 전면에 자동스크린이 있어야겠다는 생각이 들었다. 왜냐하면 강대상 높이가 제법 높은 벽면에다 해가 바뀌면 교회 표어와 절기마다 걸게 되는 감사절 현수막을 설치하기 위해 긴 사다리를 사용하여 올라가서 설치 작업을 하게 되는데 안전사고의 위험성이 높다. 지금까지 목사님과 사모님이 설치해오셨다. 게다가 목사님은 다리와 어깨 등 불편한 몸이시고 사모님은 더더욱 심하신 분이다.

하나님께서는 이러한 부분을 해결시켜 주시기 위해 미천한 자를 통해 그것을 보게 하신 것이다. 이제 자동스크린이 설치되어 작동하시면서 목사님이 흐뭇해하시고 좋아하시는 모습에 감사했다.

더욱 감사한 것은, 아내는 찬양 인도자로 임명을 받아 섬기게 되었다. 주일 낮, 주일 오후, 수요예배 이렇게 매주 3차례 인도한다. 그런데 찬양을 인도하기 위해 한주 내내 정성을 다하여 준비하는 모습을 가까이에서 보게 된다. 준비하는 모습을 보기만 해도 은혜가 된다. 온 성도가 아내의 인도에 따라 부르게 되는데 때론, 찬송 중 감격의 눈물을 흘리는 성도들이 눈에 띈다. 가끔씩 율동을 곁들여 부르기도 하는데 나이 많은 어른들도 어릴 적 추억을 생각하며 열심히 따라 하면서 웃음을 자아내기도 한다.

나에게는 봉고 차량을 운행하는 일을 섬기게 하셨다. 그동안 목사님이 운행을 하시는 것을 보고 조심스레 여쭤보았다. '목사님, 차량운행을 목사님이 하시는 이유가 있나요?' 물었더니 "아니요, 할 사람이 없어서 어쩔 수 없이 해요" '그래요, 그럼 제가 하겠습니다.' 이렇게 시작하게 되었는데 운행을 할 때마다 감격스러움에 얼마나 기뻤는지 모른다.

'사역장로'만이 누릴 수 있는 특권이 이런 건가!

어느덧 연천 원당교회에서의 섬김의 시간이 만 2년 2개월이 지나갔다. 이젠 떠나야 한다는 생각을 하게 되었다. 그런데 걱정거리가 생겼다. 그것은 차량운행에 관한 것이다. 내가 그만두면 목사님이 다시 하시게 될 것 뻔한데 후임 기사를 정하고 가는 것이 도리라 생각했기 때문에 그동안 차량운행을 할 만한 몇 분에게 부탁을 해보았지만 어렵다고 한다. 그런데 문득 마음속에 경인이라는 교회 청년이 생각이 나서 전화를 했다. '경인 형제, 나 대신 다음 달부터 차량을 운행해 줄 수 있느냐'고 했더니 흔쾌히 "네, 해보겠습니다"고 한다. 난 너무도 기뻐 '주님, 감사합니다'를 연발했다. 그 뒤 찬양 인도자도 부부로 세워졌다고 한다.

이젠 마음이 가벼워졌다. 원래 한교회에서 2~3년 주기로 섬기다가 주님이 이끄시는 대로 가겠다고 마음먹었기에 '이젠 다음에는 어느 교회로 가죠? 주님께 기도하며 여쭤보는 시간을 보냈다. 사실, 그동안 다니던 교회는 노령자가 많아 '금요철야예배'가 없어서 타 교회의 '금요철야예배'를 번갈아 가며 참석한 교회 두 곳이 있었다. 인천 '마가의다락방교회(임진혁목사)'와 일산 '제자광성교회(박한수목사)'였다. 두 교회 목사님은 모두가 너무도 훌륭하시고 말씀에도 은혜를 받아왔기에 어느 교회를 선택해도 좋을 것만 같았다. 아내와 의논 끝에 아무래도 집과 조금 더 가까운 '제자광성교회'로 정했다.

이제는 정들었던 원당교회 목사님과 성도들에게 정중히 인사의 시간을 갖고 2024년 8월 마지막 주일을 보내고 떠나 왔다.

- 주님이 하셨습니다.

5. 네 번째 교회(일산 제자광성교회: 박한수 목사)

2024년 9월 첫 주부터 '제자광성교회'로 인도해 주셨다.

그런데, 여타교회에서는 '사역장로'라는 말이 낯설고 어색한 말 같아, 설명을 해줘야 이해를 하게 되는데 '제자광성교회'는 아예 주보 장로 명단에 '시무장로와 사역장로'라고 구분되어있어 설명할 필요도 없이 그저 자연스럽기만 했다.

사실, 필자는 박한수 목사님을 잘 알지 못했다. 그런데, 강단에서 대언하시는 주된 메시지가 '천국과 지옥, 회개와 기도'를 설파하시는 목사님이기에 마음이 끌리게 되어 출석하게 된 동기이기도 하다.

얼마 전, '제자광성교회장로회' 총회의 자리에서는 이러한 말씀을 하셨다.

"여기 모인 장로님들에게 거듭나셨습니까! 라고 질문해 보고 싶다, 장로님들을 함께 천국 데리고 가고 싶다"

여느 교회 목사님이 장로들에게 이러한 설교 말씀을 전하실까!를 생각해 보았다. 나는 이렇게 설교하시는 목사님이신 것에 감사했다. 진정, 이것이 성도들을 사랑하는 목자의 심정이 아닐까 생각한다.

〈찬송〉 **"보아라 즐거운 우리 집"**

보아라 즐거운 우리집 밝고도 거룩한 천국에
거룩한 백성들 거기서 영원히 영광에 살겠네

앞서간 우리의 친구들 광명한 그집에 올라가
거룩한 주님의 보좌앞 찬미로 영원히 즐기네

우리를 구하신 주님도 거룩한 그집에 계시니
우리도 이세상 떠날때 주님과 영원히 살겠네

우리의 일생이 끝나면 영원히 즐거운 곳에서
거룩한 아버지 모시고 기쁘고 즐겁게 살겠네

〈후렴〉
거기서 거기서 기쁘고 즐거운 집에서
거기서 거기서 거기서 기쁘고 즐겁게 살겠네 (아멘)

거저 주라

9장

통일에 산다

1. 통일의 시급함과 당위성

'통일'이라는 단어는 지난 세월을 지내는 동안 우리 분단 조국 대한민국의 제일 큰 과제이고 숙원사업이었다. 그런데 요즘은 통일이라는 말을 꺼내기도 어색해져 가고 있음에 안타까울 뿐이다. 과거에도 그랬듯이 지금의 대한민국의 상황 속에서는 통일은 더욱 중요시하고 시급하게 다뤄져야 할 국가 과업 중 하나가 되어야 한다.

남과 북, 북과 남은 서로의 위기를 극복할 가장 큰 해결책의 장점을 서로가 가지고 있다. 다시 말하자면, 남한의 가장 큰 자원이 북한인 것이고, 북한은 지금의 위기를 타개할 가장 크고 빠른 비책이 남한 속에 있다는 말이고 우리 조국 대한민국의 '흥망성쇠'가 통일에 달려있다고 해도 과언이 아니다.

이에 따르는 구체적 원인들은 따로, 설명하지 않아도 대한민국 국민이라면 알아야 하고 또한, 알고 있을 것이다.

이것이 통일에 대한 시급함과 당위성이고, 이것이 우리 조국 대한민국이 풀어내야 할 최우선의 정책이 되어야 하고 특별히 정치 권력을 가진 위정자들이 명심해야 할 사항이다.

이어지는 내용으로 생각해 보자.

거저 주라

2. 진정한 복

필자는 종종 마음 속에 의문이 생겨 스스로 질문해 보는 것이 있다.

1. 지금까지 순교자 수가 북한 사람이 많을까? 아니면 남한 사람이 많을까?
2. 천국 백성이 된 사람이 남한이 많을까? 북한이 많을까?
3. 남한에 태어난 사람이 복일까? 북에서 태어난 사람이 복일까?

이렇게 말이다. 나름 생각해 보았다.
1번과 2번의 질문은 비교할 필요 없이 북한의 그리스도인들이다.

왜냐하면, 분단 조국이 되어 북의 권력을 잡은 공산당이 제일 우선하여 시작한 것이 예수 믿는 사람들을 잡아 숙청하는 작업이었다. 먼저는 당시 평양의 3천개 교회를 불태우고, 무너뜨리고 예수 믿는 목사를 비롯하여 교회 직분자(장로, 집사, 권사..)들을 중심으로 찾아내 그 자리에서 총, 칼로 죽였거나 정치범수용소, 포로수용소에 가둬 분리시키는 일이었으니 당연, 이런 일이 없는 남한보다 북한 땅에 있는 사람의 수가 많았을 것은 뻔하다.

게다가 수많은 세월이 흐르는 동안 김일성, 김정일의 우상화, 주체사상에 굴복하거나 머리 숙이지 않고 믿음 지키다가 순교하고 정치범

수용소에서 고통당하고, 신음하다가 죽어간 믿음의 사람들의 수는 이루 헤아릴 수 없이 많았을 것이다. 더구나 북한의 평양은 동방의 예루살렘이라 불리었던 곳이니만큼 예수 믿는 사람이 훨씬 더 많았고 당시 대부분의 목회자들을 평양신학교에서 배출해 내었으니 북한에는 일찍이 믿음의 기반이 다져진 곳이라 할 수 있다.

그렇다면 3번째 의문, 북에 태어난 것이 불행이고 남에 태어난 것이 행복일까? 이는 공의의 하나님만이 아신다. 하나님은 피조물 된 모든 인류에게 공평하시다. 주님이 인정하시는 행복이 진정한 복을 누리는 사람이다.

3. 북한은 싸움의 대상이 아닌 통일의 대상

우리는 지구상 유일한 분단국가에 살고 있다. 나는 언제부턴가 통일에 대하여 관심을 가지게 되었다. 그래서 난 지금도 '통일전망대'와 '임진각', '태풍전망대'를 들러보기도 한다.

임진강을 사이에 두고 짧게는 불과 460m에 불과한 거리를 두고 초소를 만들어 놓고 한쪽은 북을 향해 다른 한쪽은 남을 향해 총구를 걸쳐 놓고 있는 모습을 보고 있노라면 어느새 눈가에 눈물이 맺힌다.

그리고 서로가 전쟁할 기세로 남, 북한의 화력을 서로 자랑한다. 누가 더 많은 무기를 가지고 있나 하고 말이다. 서로가 각종 무기를 개발하고, 남한은 미국과 공조해 사드를 배치하고, 북한은 많은 핵무기를 갖기 위해 핵실험을 강행하고, 잠수함을 늘리고, 엄청난 양의 화학무기를 보유하고 있으며 각종 미사일을 쏘아 올린다.

이러한 것들이 과연 누구를 위한 것인가? 집안싸움은 결국, 서로 망하는 싸움이다. 남, 북이 싸우면 누가 좋아하겠는가! 집안 식구끼리 싸워 망하면 상대적으로 집 밖의 사람이 어부지리가 된다. 싸움은 이기건 지건 상관없이 싸움 이후의 상처와 아픔은 우리가 지금까지도 겪어왔듯이 이루 말할 수 없다.

북한은 싸워야 할 대상이 아니라 품어야 할 대상이고, 복음 통일을 이뤄내야 할 대상이어야 한다. 통일을 꿈꾸었으면 품고 준비해야 한다. 통일은 '희망사항'이 아니라 반드시 이루어져야 한다. 외부의 물리적인 이권의 힘에 의한 통일, 정치적 통일은 진정한 통일이 될 수 없다.

통일은 북녘에 있는 동포들에게 불쌍한 마음만 가진다고 이루어지는 것이 아니라 하나님의 부르심으로 이루어지는 것이고 부르심을 입어, 어느 땅에 머물든지 하나님과의 올바른 관계 안으로 들어가기 시작한 때에 주시는 하나님의 장래인 것이다.

통일은 정치인의 손에 맡겨서는 복잡한 이념 갈등만 가져올 수 있다. 때문에 참된 그리스도인에 의해 복음으로 통일을 이루어야 한다는 말이다. 통일은 하나의 개념이다. 남, 북으로 나누는 둘이 아닌 하나가 되는 것이다. 하나가 되는 길은 오직 복음밖에 없다. 복음은 '하나'의 정신이다. 화목 제물로 오신 예수님 한 분이면 된다. 예수님 한 분이면 서로 말이 통하고 생각이 통하여 마음이 하나가 되게 되는 것이다.

그러기 위해서는 이 시대에 준비된 기독교 지도자가 절실히 필요하다. 하나님은 군중을 통해 일하시지 않으시고 군중 속에 어떤 한 사람을 통해서 역사를 이루어 가신다. 통일을 이루어내지 못한 책임은 전적으로 남한의 믿는 그리스도인에게 있다.

북한의 성도들의 질문하는 소리가 들려오는 것 같다.

"우리가 이렇게 꼬부랑 늙은이가 될 때까지 그동안 남한 그리스도인 당신들은 우릴 위해 무얼 했느냐, 우리와는 비교할 수 없이 잘사는 삶을 살고 있으면서 우리의 배고프고 헐벗음을 걱정이나 해보았느냐, 당신들은 골목마다 교회가 있어 자유롭게 목청 높여 하나님을 마음껏 찬양하고 예배드리고 있지만 하나님! 예수님! 성령님! 이라고 큰소리로 불러보지 못하여 숨죽이며 눈물로 호소하고 있는 우리들의 심정을 당신들은 과연 얼마나 헤아려 보았느냐, 우리는 죄가 많고 못나서 북에서 살게 되었고, 당신들은 죄가 없고 잘나서 풍성한 남한 땅에 살게 되었느냐!"고 말이다.

이러한 질문에 솔직히 할 말이 없다. 남한끼리도 하나가 되지 못하고 서로 갈기갈기 찢어져 싸우고만 있는데 언제 남북통일을 이루겠는가 말이다. 교회는 교회대로 세속에 물들어 하나님의 진노만을 기다리듯 죄악으로 향해 달려가고 있는데 무엇으로 그들을 품겠다는 말인가!

'우리의 소원은 통일! 꿈에도 소원은 통일! 통일이여 어서 오라 통일이여 오라!' 고 '통일의 노래'를 불러온지도 어언 칠십여 년이 흘렀다.
애절하게 통일의 노래만 부르고 있다면 무슨 소용이 있겠는가!

진정한 통일의 준비는 물량 공세가 아니라 한 영혼이라도 복음으로 품고 섬겨드릴 준비가 되어있어야 하고 지식으로가 아닌 그들의 영혼을 맞아드릴 준비가 있어야 한다. 그리고 복음이 심겨진 저들에게는 자립할 수 있도록 구제와 나눔도 필요한 것이다.

따라서 빵과 복음을 동시에 준비해 놓아야 한다. 당장 남아 있는 북한 성도 10여만 명을 위한 교회도 세워야 하겠고 준비된 사역자도 필요하다. 그러기 위해서는 남한의 교회가 살아나야 하는데 한국교회가 저들을 깨우기에는 너무나 힘이 없는 것 같다. 수많은 '재정항목' 중에서 나라에서는 '통일세', 교회에서는 '통일준비헌금' 등의 명목으로 준비는 하고 있는지를 점검해보아야 한다.

무엇으로 저들을 깨우고 수혈하겠다는 말인가! 어쩌면 진정한 수혈은 북한의 크리스천을 목회자와 목회 후보생으로 만들어 그들이 간직하고 있는 복음의 순수한 피를 한국교회와 성도들에게 수혈하는 것이 최선이라 말할 수 있을 것이다.

그리고 궁극적으로는 건강한 교회들이 그들을 먼저 끌어안을 준비를 해야 한다. 왜냐하면, 믿지 않는 북한 동포들을 타 종파나 각종 이단들의 먹이 사슬로 만들지 않아야 하기 때문이다. 저들에게 줄 빵과 복음을 들고 항상 준비되어 있어야 한다는 말이다.

4. 통일 조국의 중심지가 될 연천, 파주 땅

나는 연천, 파주에서 태어난 사람도 아니고 친분 있는 연고가 전혀 없다.

하지만 왠지 모르게 이곳이 나를 부르는 것만 같고 자꾸만 이곳을 향해가는 나의 마음을 주체할 수 없게 만든다. 마치 하나님께서 아브라함에게 "내가 네게 보여 줄 땅으로 가라"는 말씀과 같이 말이다.

거저 주라

(창12:1-5) "여호와께서 아브람에게 이르시되 너는 너의 본토 친척 아비 집을 떠나 내가 네게 지시할 땅으로 가라 내가 너로 큰 민족을 이루고 네게 복을 주어 네 이름을 창대케 하리니 너는 복의 근원이 될지라 너를 축복하는 자에게는 내가 복을 내리고 너를 저주하는 자에게는 내가 저주하리니 땅의 모든 족속이 너를 인하여 복을 얻을 것이니라 하신지라 이에 아브람이 여호와의 말씀을 좇아갔고 롯도 그와 함께 갔으며 아브람이 하란을 떠날 때에 그 나이 칠십 오세였더라 아브람이 그 아내 사래와 조카 롯과 하란에서 모은 모든 소유와 얻은 사람들을 이끌고 가나안 땅으로 가려고 떠나서 마침내 가나안 땅에 들어갔더라"

연천, 파주지역은 '38선 돌비'와 '6.25참전용사비', '태풍전망대', '호로고루역사박물관', 신라 마지막 왕 '경순왕릉비', 통일전망대, 판문점, 임진각.. 등이 있는 곳이다.

그리고 노아 방주가 마지막 안착한 곳이 지금의 터키 동부, 이란 북부, 아르메니아 중서부 국경에 위치한 '아라랏' 산이다. 공교롭게도 '아라랏' 산은 북위 38도에 있다. 제2차 세계대전이 끝나면서 미·소 양국이 북위 38도선을 경계로 한반도를 남과 북으로 나누어 점령한 군사분계선이다. 바로 그곳과 연결되는 곳이 우리의 '삼팔선'이다.

(창8:4) "일곱째 달 곧 그달 열이렛날에 방주가 '아라랏' 산에 머물렀으며"

연천, 파주지역이 '38선'의 중심지에 있는 것은 결코 우연이 아니라는 것이다. 따라서 통일이 되면 한반도 역사적으로나 성경 역사를 보아도 통일 조국의 중심지의 땅이 될 것은 분명하다고 생각하는 이유인 것이다.

또한, 세계 모든 문화와 문명의 중심지는 물을 생명 원으로 하고 있다.

(창2:10-14) "강이 에덴에서 흘러 나와 동산을 적시고 거기서부터 갈라져 네 근원이 되었으니 첫째의 이름은 비손이라 금이 있는 하월라 온 땅을 둘렀으며 그 땅의 금은 순금이요 그 곳에는 베델리엄과 호마노도 있으며 둘째 강의 이름은 기혼이라 구스 온 땅을 둘렀고 셋째 강의 이름은 힛데겔이라 앗수르 동쪽으로 흘렀으며 넷째 강은 유브라데더라"

이처럼 에덴의 4대강 '비손강, 기혼강, 힛데겔강, 유브라데강' 을 중심으로 '4대문명'(이집트, 메소포타미아, 인더스, 황하)을 이루게 된 것이다.

우리나라도 예외가 아니다. 동쪽으로는 두만강, 서쪽으로는 압록강, 북쪽으로는 송화강, 남쪽은 한강이 흐르고 있다. 남한은 한강을 중심으로 기적을 이루었고 북한은 평양을 가로질러 흐르는 대동강을 중심으로 이루어졌다.

거저 주라

한마디로 큰 도시가 형성되려면 큰 물줄기의 강이 있어야 한다. 그렇다면 통일 대한민국 중심부의 물줄기는 연천, 파주지역을 가로지르는 '임진강'과 '한탄강'이 될 것은 물 보듯 뻔하다.

지금은 남, 북한의 심장부 연천, 파주 땅을 끼고 흐르는 한탄강과 임진강은 소리 없이 울면서 통일의 날을 기다리며 흐르고 있다. 때문에 '남토북수'의 땅 연천은 우리나라 흘러간 역사 속의 중심지요. 세계가 주목할 중심지요. 미래의 역사가 증명할 우리나라 심장부 땅이 되는 것이다.

우리는 역사를 읽으면서 고려의 찬란했던 문화를 알 수 있다. 그러나 더 중요한 것은 "고려"라는 나라 이름이 지금 전 세계가 부르는 "코리아"Korea로 부르게 되었다는 것이다.

이런 의미에서 생각해 볼 때 신라의 마지막 왕 경순왕의 왕릉이 연천에 있다는 것은 과거의 통일이 바로 지금의 통일이라는 뜻을 시사하고 있다. 따라서 이 지역 사람들은 과거, 현재, 미래를 불문하고 하나의 조국 통일에 산다는 자부심을 가지게 한다.

또한, 역사는 언제나 정직하고 진실하다. 그리고 가장 위대하고 정확한 진리의 교사가 바로 '역사'라고 말하는데 연천, 파주지역은 '역사의 진리'를 교훈으로 가지고 있다는 말이다. 바로 그것이 통일 조국이다. 우리 그리스도인은 세속적이고 정욕적인 욕심을 떠나 모든 것을 영적인 시각에서 생각하고 주님의 마음으로 바라보아야 한다.

5. "생리대 공장을 짓고 싶어요"

어느 날, 집에 들어오니 아내가 T.V를 보며 펑펑 울고 있는 것이 아닌가! 얼굴이 눈물로 뒤범벅이 되었다. 난 왜 우느냐고 물었다. 아내가 대답하기를,

"북한의 여성들이 너무 불쌍해, 매달 치르는 생리를 처리하기 위해 천으로 기워서 만든 기저귀, 그것도 몇 번을 재사용한 너무도 불결한 기저귀를 사용하는 모습을 보는데 같은 여성으로 너무 불쌍해서 그렇다"고 한다.

그러면서 아내는,
"통일이 되면 생리대 공장을 지어서 북한 여성들에게 마음껏 주고 싶다"고 말하는 것이다.

나는 아내가 한 말이 생각이 나서 디엠지 땅 제1호로 '생리대공장부지'명목으로 구입하게 된 것이다. 여하간 하루속히 통일 조국이 되어

서 세계 열방을 향해 '복음의 전진기지, 구원의 방주'로서의 역할을 감당할 수 있는 나라가 우리 대한민국이기를 간절히 소원하며 기도해야 한다.

더불어 보화와 같은 디엠지와 민통선의 땅에 우리 기독교인과 교회가 관심을 가져야 한다고 생각한다. 반드시 다가올 통일을 준비하기 위해서 말이다. 하나님께서는 12지파에게 '금은보화'를 나눠 주지 않으시고 먼저 땅을 분배해 주셨다.

흔히 말하는 '땅땅거리고 산다'는 말은 땅이 있어야 한다는 말이다. 땅이 있어야 소산물을 얻을 수 있고, 땅이 있어야 예배드릴 수 있는 교회를 지을 수 있고, 땅이 있어야 집을 지어 북한의 한 가족이라도 품을 수 있고, 원하는 건축물을 지을 수 있다.

DMZ는 매매가 되지 않는 것으로 알았다. 그런데 직접 가볼 수는 없지만, 소유권 이전은 된다. 맨 처음 사들인 땅이 고랑포 옛 화신백화점 주변의 생리대 공장을 지을 땅을 구입했다.

필자가 디엠지에 땅을 사게 된 동기는 욕심이 담긴 투기 목적이 아닌 통일을 준비하고 북한 동포들을 섬기기 위한 투자이다. 비록 내 때가 아니어도 후대에게 그 사역을 물려주기 위한 것이다. 통일이 되거나 DMZ가 열리게 되면 어느 곳이 먼저 개발될지는 모른다. 이것은 아내가 북한 여성들을 위해 '생리대공장'을 지을 부지를 구입했듯이 투기나, 나 자신을 위한 것이 아닌 순수 북한 동포들을 위한 것이다.

우리의 우선적 과제는 통일의 플랫폼을 짜기 전에 남북한이 속히, 개방되어야 한다. 더 늦기 전에 살아있는 '이산가족'부터 만나게 해줘야 하고 북녘의 일거리 제공을 위해서라도 '개성공단'의 문을 다시 열어야 한다.

'베를린장벽'이 무너지기 전 동서독이 개방되어 하루 삼 사백만이 자유 왕래하였다는 것이다. 이것이 통일되기 전 서로를 이해하고 알아가는 첫 관문이 되었던 것처럼, 동서독이 개방되었듯 휴전선으로 막혀있는 철의 장벽이 무너지기 위해선 남북의 통로도 속히 열어놔야 한다.

6. '옛, 장대현교회 터 위에 교회를 다시 세우고 싶어요'

먼저, 잘 알려진 장대현교회의 역사적 자료를 참고하여 간단히 소개하고자 한다.

"평양에 설립된 장대현교회는 1893년 미국 '북장로교'에서 파송한 마펫(마포삼열) 선교사가 평양 널다리골(판교동) 기와집 주택에서 7명의 교인으로 시작하였고 1903년 예배당의 완공과 더불어 교회명을 장대현교회로 개칭했다. 1900년 6월 김종섭 장로가 최초의 장로가 되어 당회가 조직되었고 이어 1901년 길선주와 방기창도 장로가 되었다.

이후, 교회가 해마다 번창해서 1901년에는 18개의 예배 처소가 생기게 되는 등, 부흥에 부흥을 거듭하게 되었다. 뿐만 아니라, 1905년 길선주(아내 신선행)를 중심으로 세계 교회 사상 처음으로 새벽기도회가 시작되었는데 이것이 바로 1907년의 평양대부흥회를 준비하는 결정적 동기가 되었던 것이다.

길선주 목사는 1893년 평양에 기독교가 들어온 이후 1896년부터 교회 예배에 참석하게 되었고 부인(신선행)과 자녀들도 교회에 다니기 시작했다. 그는 은혜를 받아 하나님의 감동으로 땅 800평을 비롯한 전 재산을 교회에 바쳐드렸고, 1897년 8월 15일에 리(Graham.Lee) 목사에게 세례를 받았고 이어 1898년 평양 장대현교회(널다리골)의 목사가 되었다.

1907년 장대현교회의 부흥운동은 곧 '백만명구령운동'으로 발전되었고 교인수가 급격히 늘어나, 1907년에는 무려 3,7만여 명에서 1911년에는 14.4만여 명으로 폭발적인 증가로 부흥하게 된 것이다.

그는 1919년 3.1운동 때에는 기독교계를 대표하여 33인의 한 사람으로 독립선언서에 서명하였지만, 서울 독립선언서를 낭독할 때에 그는 부흥회 인도로 참가하지 못했다.

길선주 목사의 부흥회 순례는 35년간 2만 회에 연 380만여 명이 참석했으며, 교회 설립 60여 곳, 이동 거리 20만 리, 세례자 3천여 명, 개종자가 7만 명에 이른다. 또한, 부흥집회 외에도 청년운동, 농촌운동, 금주운동 등의 사회운동집회에도 강사로 나가 민족의 살길을 외쳤다.

그런데 1935년 11월 26일 평서노회 부흥사경회를 강서군 고창교회에서 인도했고 축도를 마지막으로 그 자리에서 뇌출혈로 쓰러져 67세의 나이로 세상을 떠났던 것이다.

그리고 그가 임종 때 부른 마지막 찬송은 '예수가 거느리시니'였다고 한다.

〈찬송〉 **"예수가 거느리시니"(HE LEADS ME)**

작사 : J. H. Gilmore (1834-1918) 작곡 : W. B. Bradbury (1816~1868)

예수가 거느리시니 즐겁고 평안하구나
주야에 자고 깨는것 예수가 거느리시네

때때로 괴롬 당하면 때때로 기쁨 누리네
풍파 중에 지키시고 평안히 인도하시네

내 주의 손을 붙잡고 천국에 올라가겠네
괴로우나 즐거우나 예수가 거느리시네

이 세상 이별할 때에 마귀의 권세 이기네
천국에 가는 그길도 예수가 거느리시네

〈후렴〉 주날 항상 돌보시고 날 친히 거느리시네
　　　　주날 항상 돌보시고 날 친히 거느리시네

하나 더 소개하고 싶은 것은, 한국에서 역동적으로 사역하고 있는 평양 출신의 '탈북1호 목사'인 유대열 목사(서울본향교회)의 증언에 의하면 어린 시절 뛰놀던 곳이 옛 장대현교회와 평양신학교 자리였다고 한다. 필자도 최근 어느 교회에서 그 교회 성도들과 함께 유목사님을 우연한 기회에 만나게 되었다.

모 일간지에 기록된 그의 증언을 요약해 보았다.

"북한에 있던 3천여 개 교회들을 하나하나 기록한 부분의 맨 뒤에 무명교회 두 곳이 기록돼 있다. 그중 한 교회에 이런 질문이 있다. '대동문 옆으로 멀리 보이는 교회는 어느 교회인가.' '평양 사람은 대답하라'. 평양 대동강변의 대동문이 찍힌 사진인데 6·25전쟁 당시 국군이 평양을 탈환했던 날 종군 사진기자가 찍은 것이라는 설명과 함께 오른쪽 뒤편으로 한 교회의 모습이 보였다. 사진을 보는 순간 내 심장이 쿵쿵 뛰는 것을 느꼈다. 그 교회가 장대현교회 라는 것을 한눈에 알아볼수 있었기 때문이다.

나는 고향이 평양이다. 초등학교는 '대동문인민학교'를 나왔다. 대동문 옆에 있는 학교였기에 붙여진 이름이다. 초등학교 시절 친구들과 함께 대동문을 오르락내리락하며 술래잡기도 했다.

중학교는 바로 옆에 있는 '련광고등중학교'를 다녔다. 여기서 조금만 더 가면 모란봉에서 김일성광장으로 이어지는 평양의 중심도로가 나온다. 그 도로를 건너면 큰 언덕이 있는데, 그 언덕 위에는 '평양학생소년궁전'이 있다. 그 언덕을 장대재 언덕이라 하는데 장대현교회가 있던 자리다. 나는 학창시절 '평양학생소년궁전'에서 친구들과 놀곤 했다. 장대현교회 터가 어린 시절 놀이터였던 셈이다.

북한교회 자료들을 연구하던 중에 참으로 놀라운 사실을 발견했다. 내가 다닌 '대동문인민학교'와 '련광고등중학교' 자리에 마포삼열(새뮤얼 A 모펫) 선교사의 사택과 평양신학교가 있었다는 점이다.

'마포삼열' 목사는 평양신학교와 장대현교회를 설립한 분이다. 당시 난 매일 새벽 김일성과 김정일의 거대한 동상이 있는 만수대언덕에 올라 새벽예배 드리듯이 절을 하곤 했다. 그곳이 평양신학교와 장대현교회 자리였다니 놀라웠다.

어린 시절 놀고 자라왔던 곳 뿐 아니라 다니던 학교에 이르기까지 모두가 북한선교와 교회의 역사가 진하게 배어 있는 곳들이었다. 이사를 가는 곳마다 정이 들었고 친구들을 많이 사귀었다. 왜 그랬을까. 하나님의 역사와 섭리는 참으로 신비하고 놀랍다. 하나님은 북한선교와 교회 재건을 위해 한 사람의 인생을 예비하시고 준비하시고 인도하셨다. 나는 이제 겨우 그 뜻을 알게 됐다.

이렇게 교회를 허물어버리고 그 자리에 김일성, 김정일 동상을 세워 놓고 북한의 온 백성이 동상 앞에서 우상숭배하고 있으니 참으로 안타까울 뿐이다. 이제는 그 동상을 찍어 불태우고 다시 교회와 신학교를 되찾아 세워야 하지 않겠는가!

"너희가 쫓아낼 민족들이 그들의 신들을 섬기는 곳은 높은 산이든지 작은 산이든지 푸른 나무 아래든지를 막론하고 그 모든 곳을 너희가 마땅히 파멸하며 그 제단을 헐며 주상을 깨뜨리며 아세라상을 불사르고 또 그 조각한 신상들을 찍어 그 이름을 그곳에서 멸하라"(신12:2~3)

"요시야가 왕위에 오를 때에 나이가 팔 세라 예루살렘에서 삼십일 년 동안 다스리며 여호와 보시기에 정직하게 행하여 그의 조상 다윗의 길로 걸으며 좌우로 치우치지 아니하고 아직도 어렸을 때 곧 왕위에 있은 지 팔 년에 그의 조상 다윗의 하나님을 비로소 찾고 제십이년에 유다와 예루살렘을 비로소 정결하게 하여 그 산당들과 아세라 목상들과 아로새긴 우상들과 부어 만든 우상들을 제거하여 버리매 무리가 왕 앞에서 바알의 제단들을 헐었으며 왕이 또 그 제단 위에 높이 달린 태양상들을 찍고 또 아세라 목상들과 아로새긴 우상들과 부어 만든 우상들을 빻아 가루를 만들어 제사하던 자들의 무덤에 뿌리고 제사장들의 뼈를 제단 위에서 불살라 유다와 예루살렘을 정결하게 하였으며 또 므낫세와 에브라임과 시므온과 납달리까지 사면 황폐한 성읍들에도 그렇게 행하여 제단들을 허물며 아세라 목상들과 아로새긴 우상들을 빻아 가루를 만들며 온 이스라엘 땅에 있는 모든 태양상을 찍고 예루살렘으로 돌아왔더라"(대하34:1~7)

나는 언제부턴가 이렇게 기도하기 시작했다.

'주님! 저들이 무너뜨린 평양의 장대현교회 터 위에 교회가 다시 세워지게 해주세요,
그곳에 김일성, 김정일 동상을 만들어 경배하게 만드는 우상의 동상이 무너지고 교회를 새롭게 세워 주님께 예배하는 처소로 바꿔 주세요,
저들을 불쌍히 여겨주세요.' 이렇게 말이다.

거저 주라

그런데 기도하는 가운데 "그곳에 네가 세워라!, 네가 감당하면 되잖아!, 너를 통해 세우게 해달라고 기도해라" 이러한 감동을 주시는 것이다. 그래서 난 속으로 내가요?, 내가 어떻게!!, 이런 일은 나에게 있을 수 없는 일이라고 스스로 제한했다.

하지만 순간 말씀들이 스쳐 지나간다.

(마19:26) "사람으로는 할 수 없으나 하나님으로서는 다 하실 수 있느니라"

(빌4:13) "내게 능력 주시는 자 안에서 내가 모든 것을 할 수 있느니라"

(막11:24) "그러므로 내가 너희에게 말하노니 무엇이든지 기도하고 구하는 것은 받은 줄로 믿으라 그리하면 너희에게 그대로 되리라"

(눅17:6) "주께서 가라사대 너희에게 겨자씨 한 알만한 믿음이 있었더라면 이 뽕나무더러 뿌리가 뽑혀 바다에 심기우라 하였을 것이요 그것이 너희에게 순종하였으리라"

(렘33:3) "너는 내게 부르짖으라 내가 네게 응답하겠고 네가 알지 못하는 크고 비밀한 일을 네게 보이리라"

그래서 나에게는 감히 상상할 수도 없는 일이지만 이제는 이런 기도를 드린다.

'주님! 저들이 무너뜨린 평양신학교와 장대현교회 터 위에 나를 통해 교회가 다시 세워지게 해주세요, 나를 사용해 주세요, 그일하고 주

님 품에 가게 해주세요'

이렇게 자신에게도 민망한 기도를 드리게 되지만 난 그저 말씀 따라 주님만 의지하고 때를 기다리며 한결같이 기도할 뿐이다.

                                   - 주님이 하게 하셨습니다!

〈찬송〉 시온성과 같은 교회

시온성과 같은 교회 그의 영광 한없다
허락하신 말씀대로 주가 친히 세웠다
반석 위에 세운 교회 흔들 자가 누구랴
모든 원수 에워싸도 아무 근심 없도다

생명샘이 솟아 나와 모든 성도 마시니
언제든지 흘러 넘쳐 부족함이 없도다
이런 물이 흘러가니 목마를 자 누구랴
주의 은혜 풍족하여 넘치고도 넘친다

주의 은혜 내가 받아 시온 백성 되는 때
세상 사람 비방해도 주를 찬송하리라
세상 헛된 모든 영광 아침 안개 같으나

주의 자녀 받을 복은 영원무궁 하도다(아멘)

7. 통일은 탕자를 잃은 아버지의 마음으로

복음 전도는 가족을 비롯한 가까운 곳에 있는 사람들에게 우선하여 먼저 전하는 것이 바람직하다고 본다. 북한 동포들을 향한 복음 전도가 시급한 문제이기 때문이다.

(행1:8) "오직 성령이 너희에게 임하시면, 너희가 권능을 받고 예루살렘과 온 유대 와 사마리아와 땅 끝까지 이르러 내 증인이 되리라 하시니라"

동방의 예루살렘이라고 하는 북한의 평양성이 공산주의 통치의 중심부가 되어있다. 순교자들의 묘역이 붉은 마수들의 발아래 짓밟히고 있다. 북한은 헌법상으로도 나의 조국이요 같은 동포들이다. 그들은 우리의 원수가 아니라 피를 함께 한 동포요 형제들임을 부인할 수 없다. 동 포애를 더욱 가까이에서 느끼고 실천하려면 통일이 이루어져야 한다.

통일의 문제는 정부만의 것도 아니고 대통령 혼자만의 일이 아니라 전 국민이 함께 감당해내야 할 역사적이고 민족적인 과제이기 때문에 함께 힘을 모아 이루어내야만 한다. 우리 기독교 운동은 하나님의 말씀을 전파하여 단 한 영혼이라도 더 구원받게 하는 일이다. 통일은 정치, 군사적 문제가 아니라 영적인 일이고 통일은 기독교인의 행동에 따라 좌우될 수 있다.

때문에, 통일은 정치인들에 의해서 만들어져서는 안 되고 기독교인을 중심으로 한 그리스도의 복음으로 접근해야 한다. 우리는 '탕자의 비유'를 잘 알고 있다. 탕자의 행동으로는 한 아버지의 아들이 될 수가 없다. 그렇다고 해서 큰아들의 사상으로도 한 가정을 이룰 수 없다. 오직 아버지의 마음으로만 모든 것이 가능하다.

"이 네 동생은 죽었다가 살아났으며 내가 잃었다가 얻었기로 우리가 즐거워하고 기뻐하는 것이 마땅하다 하니라"(눅15:32)

대한민국의 남북통일은 탕자의 아버지의 마음으로 돌아가야 이루어질 것이다. 그래서 나는 우리나라의 남북통일은 반드시 탕자를 잃어버린 아버지의 마음으로 이루어져야 한다고 생각한다. 그리고 남북통일을 위해서 쉬지 않고 기도하는 이것이야말로 진정한 애국자요, 저 북녘 하늘 아래에 사는 동포들에게 복음을 위해 통일을 바라는 그리스도인의 마음이라고 생각한다.

이 시대에 가장 복잡하고 혼란스런 한국 땅에 태어나 살게 하신 분명한 하나님의 뜻이 있다.

그것은 가치 있는 삶을 살 수 있는 가장 좋은 조건에 서 있다는 것이다. 잠시 머물다가는 단 한 번 주어진 유한한 인생 나 하나 구원받고, 내 한 가족 잘 먹고 잘사는 것에만 남은 인생을 허비한다면 무슨 의미가 있겠는가!

"너희가 거저 받았으니 거저 주라" 는 그리스도인의 본질적 삶에 충실하여 거저 받은 빵과 복음의 은혜를 나누며 살아가는 '감화와 감동'이 있는 실천적 삶을 살아야 할 것이다.

탕자를 잃은 아버지의 마음으로 북한 동포를 찾아 껴안아야 하겠다.

〈찬송〉 저 북방 얼음 산과

저 북방 얼음산과 또 대양 산호섬
저 남방 모든 나라 수많은 백성들
큰 죄악 범한 민족 다 구원 얻으려
참 빛을 받은 우리 곧 오라 부른다

주 은혜 받은 우리 큰 책임 잊고서
주 예수 참된 구원 전하지 않으랴
온 세상 모든 백성 구원 얻도록
온 몸과 재산 드려 이 복음 전하자

만왕의 왕 된 예수 이 세상 오셔서
만백성 구속하니 참 구주 시로다
저 부는 바람 따라 이 소식 퍼치고
저 바다 물결 따라 이 복음 전하자

8. 통일 대기조로 준비되어 있어야 한다

통일의 준비 없이 북한 땅에 가려는 것은 교만이요, 욕심이다. 이는 반드시 실패하기 때문이다. 북한은 복음으로 중무장한 사람이 들어가야 성공한다.

필자는 군 시절 단독군장으로 한 달여 동안 취침을 해본 경험이 있다. 군화를 신고 대검과 소총을 휴대한 채 언제든지 출동명령을 기다리기 위함이다. 적과 싸우려면 철저한 준비 없이는 승리할 수 없다.

(엡6:11~17) "마귀의 간계를 능히 대적하기 위하여 하나님의 전신갑주를 입으라 우리의 씨름은 혈과 육을 상대하는 것이 아니요 통치자들과 권세들과 이 어둠의 세상 주관자들과 하늘에 있는 악의 영들을 상대함이라 그러므로 하나님의 전신갑주를 취하라 이는 악한 날에 너희가 능히 대적하고 모든 일을 행한 후에 서기 위함이라 그런즉 서서 진리로 너희 허리띠를 띠고 의의 호심경

을 붙이고 평안의 복음이 준비한 것으로 신을 신고 모든 것 위에 믿음의 방패를 가지고 이로써 능히 악한자의 모든 불화살을 소멸하고 구원의 투구와 성령의 검 곧 하나님의 말씀을 가지라"

통일전문가 이용희 교수는 말하기를,

"통일은 한국교회가 하기 나름이다, 기도가 차야 하고, 실력이 있어야 한다. 그러기 위해서는 각 분야의 통일전문 대기조가 필요하다. 통일은 임박했는데 준비가 되지 않았다. 통일이 되면 누가 먼저 들어가겠나! 어쩌면 신천지, 통일교, 부동산 투기꾼, 기업가.. 순이 될 것이다."

의미 있는 말이다.

모든 일에는 우선순위에 따라 하게 된다. 재력이 있다고, 대형교회니까, 사람이 많으니까.. 이렇게 물량공세로 쉽게 접근하면 큰 오산이다. 다양한 헌금 종류 중 '통일준비헌금'을 드리는 교회가 과연 한국교회 중에서 얼마나 될까? 총은 있는데 실탄이 장착되어 있지 않았다면 그 총의 기능을 발휘할 수 없다.

북한 영혼을 살리겠다고, 품겠다고, 섬기겠다며 기도는 하지만 과연 그럴만한 실력이 준비되어 있느냐이다. 그저 열정만 가지고 있다고 되는 것이 아니다. 땅도 준비해야 하고, 기술도 준비되어야 하고, 통일의 토대가 되는 플렛폼도 갖추어야 한다. 이렇게 준비되어 있어야 베를린 장벽이 어느 순간에 무너진 것처럼 휴전선이 무너져올 때 주님이 원하시는 일들을 이루어 나갈 수 있는 것이다.

하나님은 이렇게 필승 대기조로 준비된 자들에게 그 일을 맡기신다. 각 분야의 전문인을 양성하여 대기시켜 놓아야 한다.

9. 애국가

나는 우리의 애국가를 즐겨 부른다.

가사가 더욱 마음에 든다. "하나님이 보호하사" 이 부분이 다르게 표현되었다.

애국가 작사가가 '안창호, 윤치호, 안익태, 김준성 목사'등 이라고 여러 논란이 많지만 분명한 것은 이들 모두는 예수그리스도의 복음을 접한 분이기에 하나님을 우선하여 표현하고 싶었을 것이다. 이것이 애국가를 작사한 작사자의 의도이다.

때문에, 하늘에 있는 어떤 신을 상징적으로 표현한 "하느님이 보우하사"는 우리가 믿는 유일신 하나님을 말하고 있지 않고 혼합된 다신론 적 표현이라고 말할 수 있다. 따라서 우리는 애국가를 부를 때에도 작사가가 의도한 대로 하나님을 의식하며 불러야 하는 것이다.

또한, 애국가를 부르는 것처럼 나의 조국 '대한민국'을 위해서 충성을 다해야 한다고 생각한다. 대한민국 국민으로서 헌법에서 말하고 있는 국방, 납세, 교육, 근로의 의무를 다 했으면 곧 애국자라고 한다면 아직도 멀었다고 해야 할 것이다.

법이란! 최소치의 기준에 불과하기 때문에 그를 애국자라고 부르기에는 부족하다.
정치인들이 자기의 명예와 권력을 위해서 온갖 수단 방법을 가리지 않는다면 그것은 애국도 아니고, 나라를 위한 진정한 충성도 아니다. 그것은 나라를 좀먹는 일이요, 자기의 출세요, 자기를 위한 욕심의 충족일 뿐이다.

〈애국가〉

동해물과 백두산이 마르고 닳도록
하나님이 보호하사 우리나라 만세

남산위에 저소나무 철갑을 두른듯
바람서리 불변함은 우리기상 일세

가을하늘 공활한데 높고 구름 없이
밝은 달은 우리가슴 일편단심 일세

이기상과 이맘으로 충성을 다하여
괴로우나 즐거우나 나라 사랑 하세

〈후렴〉
무궁화 삼천리 화려강산 대한사람 대한으로 길이 보전 하세

거저 주라

그리스도인에게 남은 무기는 '기도와 순교정신 뿐'

'동성애자'는 성 평등과 성 소수자 인권이라는 명제 아래, 점점 늘어만 가고 있고, 기성교회 성도들이 신천지와 같은 이단의 먹이 사슬로 속절없이 내어주고, '다문화 제도'의 허점을 이용해 할랄 식품을 비롯한 할랄 제품들을 만들어 이슬람 세력을 키우기 위한 수단 방법을 가리지 않고 있고 어느 도시를 막론하고 이슬람교도들은 무언의 전략으로 아이를 낳아 그들의 숫자를 늘리는 일에 애를 쓰고 있는 현실이다.

언제부턴가 교회 안에는 '이기주의, 인본주의, 기복주의, 세속주의, 현실주의, 합리주의, 적당주의, 편리주의, 상황주의, 혼합주의, 종교다원주의'..가 만연하고 있고 강단에서는 예수그리스도의 참된 복음의 진리만을 대언해야 하는데 '자유주의신학'이 들어오면서 복음을 개인의 철학 정도로 해석하고 진정 하나님 눈치 살피지 않고 참 증언 말하기를 두려워하며 사람 눈치만 살피는 '시드기야, 바스훌'과 같은 거짓 증언에 속아 넘어가는 성도들로 가득 차 있는 안타까운 현실이다.

감히 글을 쓴다는 것 자체가 필자에게는 모순이오나 문서 선교의 사명으로 성령님의 힘을 의지하여 이 글을 쓰게 되었다.

이 책에는 철학적 용어나 이름난 세상의 어떤 타인의 글을 인용하지 않았고 독자가 쉽게 읽어 나가도록 히브리어, 헬라어 같은 어려운 원어의 해석도 피했다.

"누가 철학과 헛된 속임수로 너희를 사로잡을까(노략) 주의하라 이것이 사람의 전통(유전)과 세상의 초등 학문을 따름이요 그리스도를 따름이 아니니라"(골2:8)

또한, 이 나라에는 악한 어둠의 세력들이 발악을 하고 있는 가운데 그리스도인들조차 저들의 점유물이 되어가고 있다. 각종 언론과 미디어는 원수 사탄, 마귀에게 정복당해 버렸고 정치인들도 저들의 먹잇감이 되어버렸다. 이는 우리 주님이 다시 오시는 발자국 소리가 점점 더 가까이에서 들려오는 것 같은 시대의 표적이기도 하다.

코로나 펜데믹으로 한때는 1,200만이라고 자랑했던 기독교 숫자가 반 토막 아래로 떨어져 버렸다. 성도들이 그토록 뜨겁게 갈망하고 부르짖었던 50~60년대의 '성령'과 '회개'가 실종되어 버렸고 세상은 더욱 악해져만 가고 있다. 이제 그리스도인들에게 남은 무기는 애절한 '기도와 순교정신' 밖에 없다. 우리 그리스도인에게는 고난이 예견되었고 이미 시작되고 있음을 알아야 한다.

"너희는 믿음을 굳게 하여 그를 대적하라. 이는 세상에 있는 너희 형제들도 동일한 고난을 당하는 줄을 앎이라"(벧전5:9)

거저 준다는 것은, 지옥 갈 영혼에게 예수 복음의 천국을 준다는 것이고 예수 십자가를 준다는 말이다. 십자가는 죽음을 의미한다. 나는 죽었으나 예수 십자가로 부활 영생하는 것이다. 내가 살아있으면 역사가 나타날 수 없다. 내 자아가 죽어야 내 안에 계신 주님이 일하신다.

복음의 꽃은 순교이다. 그러나 순교는 내가 하고 싶다고 되는 것은 아니다. 하지만, 주님을 위해 목숨 바쳐 순교할 정신과 어떠한 상황 속에서도 요동치 않는 믿음을 항상 지니고 있어야 한다.

필자는 자격 없는 죄인이지만, 주님이 일하시는 현장에서 '주님의 소모품'으로 사용되기를 소원해본다. 또한, 부족하고 허물 많은 죄인이 감히 글을 쓴다는 것 자체가 모순이오나 성령님의 힘을 의지하여 나는 연약하여 모르니 성경 말씀을 중심으로 글을 쓰려고 하였고 말씀을 근거로 감동되는 대로 거저 받은 복음의 은혜를 나누는 심정으로 썼다.

혹여, 잘못된 부분이 있다면 먼저 하나님께 회개하며 독자들에게 이해와 용서를 구한다. 이 책을 접하는 모든 분께 감사드리며 '거저 주라'

를 끝까지 읽어 주신다면 한없는 감사와 영광이 되겠다.

- 모든 것 주님이 하셨습니다!!

"세월을 아끼라 때가 악하니라 그러므로 어리석은 자가 되지 말고 오직 주의 뜻이 무엇인가 이해하라"(엡5:16-17)

"이 예언의 말씀을 읽는 자와 듣는 자와 그 가운데에 기록한 것을 지키는 자는 복이 있나니 때가 가까움이라"(계1:3)

"그러나 끝까지 견디는 자는 구원을 얻으리라"(마24:13)

거저 주라